Beck-Wirtschaftsberater:
Öko-Soziale Marktwirtschaft für Ost und West

Beck-Wirtschaftsberater: Öko-Soziale Marktwirtschaft für Ost und West Der Weg aus Wirtschafts- und Umweltkrise

Von Prof. Dr. Lutz Wicke,
Lothar de Maizière und
Dr. Thomas de Maizière

Deutscher
Taschenbuch
Verlag

dtv

Redaktionelle Verantwortung: Verlag C. H. Beck, München
Umschlaggestaltung: Celestino Piatti
Umschlagbild: Birgit Koch
Gesamtherstellung: C. H. Beck'sche Buchdruckerei, Nördlingen
ISBN 3 423 05809 9 (dtv)
ISBN 3 406 34668 5 (C. H. Beck)

Vorwort

Freiheit ohne materielle Grundlage ist gefährdet. Eigentum und Wohlstand ohne soziale Bindung ist ungerecht. Wirtschaft ohne die Bewahrung der Schöpfung ist selbstmörderisch. Einheit ohne die Verantwortung für die Würde und das Selbstwertgefühl aller Deutschen ist kurzsichtig und birgt den Keim der Instabilität in sich.

Wir Deutschen stehen vor einer großen Herausforderung. Die Geschichte vergibt ihre Chancen nicht zweimal. Wir, die Autoren dieses Buches – aus West und Ost in unterschiedlicher Verantwortung – wollen die Chance zu Freiheit, Wohlstand, sozialer Gerechtigkeit, Bewahrung der Schöpfung und Einheit nutzen.

Die Öko-Soziale Marktwirtschaft ist das wirtschaftliche und gesellschaftspolitische Konzept für das neue Deutschland, das diese Ziele miteinander verbinden will. Es ist zugleich europäisch ausgerichtet. In der heutigen DDR steht dazu eine grundlegende Umgestaltung der Wirtschaft bevor. Aber auch in der heutigen Bundesrepublik Deutschland sollte die friedliche Revolution im anderen Teil Deutschlands Auftrag sein, mit dem Zusammenwachsen zur Einheit eigene Fehler zu korrigieren und die soziale zur Öko-Sozialen Marktwirtschaft umzubauen. Guter Wille allein genügt dazu nicht, sondern es bedarf guter Konzepte und politischer Kraft, um den Sozialismus zu überwinden und Fehler der sozialen Marktwirtschaft zu erkennen und abzustellen.

Dieses Buch will die Diskussion zu diesen Fragen eröffnen. Es ist das erste gemeinsame Buch von Autoren aus beiden Teilen Deutschlands nach dem Aufbruch zur Freiheit im Herbst 1989, das auch hüben und drüben erscheint. Die Verantwortung für die Teile A und B ist zwar getrennt. Aber in den Grundlinien stehen alle drei Autoren zum ganzen Text.

Alle Welt spricht von Krisen. Wir sprechen von Chancen. Die Öko-Soziale Marktwirtschaft ist eine solche Chance.

Lutz Wicke *Thomas de Maizière* *Lothar de Maizière*

Inhaltsverzeichnis

Teil B. Öko-Soziale Marktwirtschaft
Wirtschafts- und gesellschaftspolitisches Leitbild der Christlich Demokratischen Union der DDR

Von *Lothar de Maizière*

Teil A
Öko-Soziale Marktwirtschaft

Ein Wirtschafts- und Gesellschaftssystem für alle ökologisch, sozial und marktwirtschaftlich orientierten Kräfte in Ost und West

Von Lutz Wicke und Thomas de Maizière

I. Von der sozialistischen Planwirtschaft und der Sozialen Marktwirtschaft zur Öko-Sozialen Marktwirtschaft – 14 einleitende Thesen

„Nicht noch einmal Versuchskaninchen" – unter dieser Überschrift erteilen die Deutschen in der DDR all denjenigen – so auch dem neuen SED-PDS-Vorsitzenden *Gregor Gysi* und einigen seiner linksintellektuellen Verbündeten in der Bundesrepublik Deutschland – eine klare Absage, die die Welt und ihre Mitbürger in der sich reformierenden DDR um eine neue Variante des Sozialismus „bereichern" wollen – und das, obwohl bereits mindestens doppelt so viele Sozialismusvarianten als es sozialistische Staaten gibt erprobt wurden, die allesamt kläglich gescheitert sind. In der vierzigjährigen Geschichte der DDR wurden allein mit dem „planmäßigen Aufbau des Sozialismus" (ab 1952), dem „Neuen System der Planung und Leitung der Volkswirtschaft" (ab 1963), der „Einheit von Wirtschafts- und Sozialpolitik" (ab 1971) und dem Übergang zur „intensiv erweiterten Reproduktion" (ab 1981) vier Sozialismusmodelle erprobt – mit dem bekannten Ergebnis der permanten mehr oder weniger großen Mangelwirtschaft.

Zugegebenermaßen: Die sozialistisch-kommunistischen Ideale der Gleichheit aller Menschen und der klassenlosen Gesellschaft, sind außerordentlich symphatisch und vom Prinzip her erstrebenswert. Leider bewirken allerdings die daraus in sozialistischen Staaten gezogenen wirtschaftspolitischen Konsequenzen eher das Gegenteil von dem, was die Verfechter des Sozialismus anstreben: nämlich das (wirtschaftliche) Glück aller Menschen. In allen sozialistischen Wirtschaftssystemen wird durch das Fehlen des Privateigentums an Produktionsmitteln und durch die zentrale Planung bei Fehlen von freien Markpreisen verhindert, daß die stärkste Kraft jeder Wirtschaftsordnung – das Gewinn- und Eigennutzstreben aller Menschen – für eine Steigerung des an alle zu verteilende Nationaleinkommens bzw. des Bruttosozialprodukt„kuchens" in Form von Waren und Dienstleistungen eingesetzt wird. Wenn es aber nur wenig zu verteilen gibt, dann muß ein sozialistisches Wirtschaftssystem fast zwangsläufig jedem (marktwirtschaftlichen) System unterlegen sein, das wegen der höheren Effizienz schlicht und einfach mehr verteilbaren Bruttosozialprodukt-„kuchen" hervorbringt,

Was nützt die schönste sozialistische Gleichheit aller, wenn – außer an die führenden Genossen – an alle anderen gleich viel „sehr wenig" (z.B. die Rentner) bis „wenig" verteilt werden kann?

In einer nach dem Leistungs- und Gewinnprinzip arbeitenden Marktwirtschaft können sich einige „viel", wenige „sehr viel" erarbeiten, aber die große Masse hat dann immer noch „ausreichend bis mehr als genug". Außerdem wird durch das Soziale Netz in der Sozialen Marktwirtschaft die Anzahl der wirklich Armen und in Not befindlichen auf ein sehr geringes Maß begrenzt. Konsequenz: Marktwirtschaftliche Systeme bieten zwar – leider – keine Gleichheit, dafür aber eine weitgehende Freiheit von Mangel und Armut und des weiteren Wohlstand für (fast) alle!

Dieser – äußerst knappe – Vergleich zwischen den sozialistischen Wirtschaftssystemen und den marktwirtschaftlichen Systemen – vor allem in Europa – soll nun keineswegs dem Leser die Konsequenz aufdrängen, daß die sich reformierenden RGW-Staaten „nur" die marktwirtschaftlichen Systeme, z.B. das der Bundesrepublik Deutschland, übernehmen sollten, und damit wäre der Weg ins wirtschaftliche „Paradies" geebnet: Mitnichten – trotz aller Erfolge und relativer Vorzüge der Sozialen Marktwirtschaft gegenüber sozialistischen Planwirtschaften bestehen z.B. für die Soziale Marktwirtschaft der Bundesrepublik Deutschland deutliche Verbesserungsmöglichkeiten und -notwendigkeiten. Dies gilt insbesondere in den Bereichen der Beteiligung der Arbeitnehmer am Produktivkapital ihrer Unternehmen bzw. anderer Unternehmen, der Abwehr der Wettbewerbsbeschränkung durch Monopolisierung und Kartellbildung, der Mitbestimmung der Arbeitnehmer bei wichtigen Entscheidungen in den Unternehmen und bei der weiteren Verbesserung des sozialen Netzes. Vor allem aber muß es durch eine Veränderung und Verbesserung des Wirtschaftssystems der Sozialen Marktwirtschaft erreicht werden, daß die Umwelt in wesentlich größerem Maße als bisher geschützt wird. In beiden Staatengruppen – den marktwirtschaftlichen wie den sozialistisch-planwirtschaftlichen – muß das Wirtschaftssystem reformiert und verbessert werden. Die Realisierung einer Öko-Sozialen Marktwirtschaft sollte in beiden Staatengruppen das gemeinsame konkrete politische Ziel sein. Dabei ist offenkundig, daß der Reformschritt von der Sozialen zur Öko-Sozialen Marktwirtschaft – so wichtig und einschneidend er sein wird und sein muß – „natürlich" sehr viel kleiner sein wird als der Schritt vom sozialistisch-planwirtschaftlichen System zur Öko-Sozialen Marktwirtschaft. Im folgenden wird der Inhalt des von *Lutz Wicke* und *Thomas de Maizière* geschriebenen Teiles dieses Buches in 14 Thesen zusammengefaßt und angegeben, in welchen Abschnitten die jeweiligen Thesen ausführlicher dargelegt und begründet werden.

These 1 (Kapitel II)

Im Mittelpunkt der gegenwärtigen wirtschafts- und gesellschaftspolitischen Diskussion in Ost und West steht zweifellos die Suche der DDR und der anderen Staaten des Rates für gegenseitige Wirtschaftshilfe (RGW) nach einem neuen und verbesserten Wirtschafts- und Gesellschaftssystem und damit die Abschaffung oder Reformierung der bisherigen ineffizienten, die Wohlstands- und die Umweltinteressen seiner Bürger nicht befriedigenden planwirtschaftlich-sozialistischen Systeme.

Dennoch: Auch in den westlichen Demokratien ist erkannt worden, daß sowohl die Verteilung des Produktivvermögens, die Wettbewerbsbedingungen, als auch die Mitbestimmungsmöglichkeiten der Arbeitnehmer und die sozialen Sicherungssysteme noch verbessert werden sollten und daß vor allem ihr System der Sozialen Marktwirtschaft auf dem Umweltsektor nicht effektiv genug ist, weil die Umwelt nicht in ausreichendem Umfang geschützt wird.

In beiden Staatengruppen müssen deshalb Anstrengungen unternommen werden, um ein Wirtschafts- und Gesellschaftssystem zu realisieren, in dem in ausreichendem Umfang die materiellen Lebensbedürfnisse, die soziale Gerechtigkeit und die eher immateriellen Umweltbedürfnisse der Menschen befriedigt werden können.

These 2 (Kapitel III, Abschnitt A)

Das System der Öko-Sozialen Marktwirtschaft kann das Wirtschafts- und Gesellschaftssystem für beide Staatengruppen werden, in dem sowohl die – tatsächlich nicht realisierten – Zielsetzungen planwirtschaftlich-sozialistischer Systeme als auch die Umweltinteressen in der Sozialen Marktwirtschaft verwirklicht werden.

Dabei wird die Öko-Soziale Marktwirtschaft definiert als diejenige Wirtschaftsordnung, in der

- auf der Basis von Privateigentum und freien Märkten das wirtschaftliche Eigeninteresse zur Förderung der Waren- und Dienstleistungserstellung eingesetzt wird,
- gleichzeitig wettbewerbsbeschränkende wirtschaftliche Machtzusammenballungen verhindert, zu große Einkommens-, Vermögens- und Lebenschancen-Ungleichheiten durch ein Netz von sozialen Mechanismen korrigiert, soziale Gerechtigkeit in ausreichendem Umfang realisiert und durch geld- und finanzpolitische Eingriffe das gesamtwirtschaftliche Gleichgewicht verwirklicht werden sollen,
- und in der durch Setzung eines engen umweltrechtlichen ökologischen Rahmens und seines Vollzugs sowie durch den Einbau von ökonomischen Anreizinstrumenten die Umwelt in ausreichendem Umfang geschützt und für die Generationen der Kinder und Kindeskinder erhalten und bewahrt wird.

These 3 (Kapitel III, Abschnitt B)

Die Entscheidung für die Soziale Marktwirtschaft nach dem Krieg und gegen eine planwirtschaftliche Ordnung in der Bundesrepublik Deutschland kam einem „Sprung ins kalte Wasser“ gleich, weil das praktische wirtschaftspolitische Ergebnis nicht (exakt) vorhersehbar war. Demgegenüber können sich die DDR und die anderen RGW-Staaten die Erfahrungen von – im großen und ganzen – bewährten vielfältigen Systemen der Sozialen Marktwirtschaft – z. B. in der Bundesrepublik Deutschland und in den skandinavischen Ländern – zu eigen machen. Dies gilt unabhängig von der Tatsache, daß auch diese Systeme noch verbessert und zur Öko-Sozialen Marktwirtschaft ausgebaut werden müssen.

These 4 (Kapitel IV, Abschnitt A)

Die planwirtschaftlich-sozialistischen Systeme haben nicht nur in mindestens 40 Jahren sehr vielfältigen Erprobungsphasen und -varianten in den verschiedenen RGW-Staaten versagt. Sie haben prinzipiell so gravierende Konstruktionsmängel, daß sie einem System der Sozialen Marktwirtschaft weit unterlegen sein müssen:

- Das weitgehend fehlende Privateigentum an Produktionsmitteln, die staatlichen Planvorgaben und der fehlende Wettbewerb bei nicht am Markt orientierten, sondern vom Staat festgelegten Preisen hat auch wegen zu geringer Arbeitsmotivation und zu geringen Sanktionen bei unwirtschaftlichem Verhalten der Betriebe – per saldo zu recht geringen Produktionsleistungen und damit letztlich zu einer Mangelwirtschaft geführt.
- In dieser Mangelwirtschaft besteht ein Mißverhältnis zwischen zu großer Nachfrage und zu kleinem Warenangebot, ohne daß durch sich erhöhende Preise ein Anreiz zu erhöhter Produktion entstehen kann.
- Die Mangelwirtschaft erzeugt neue Probleme der Arbeitsmotivation, weil vom relativ geringen Einkommen nur beschränkt die gewünschten Waren gekauft werden können.

Auf diese Weise können – 45 Jahre nach dem Zweiten Weltkrieg – weder die materiellen noch die sozialen Bedürfnisse der Menschen in den sozialistischen RGW-Ländern im angemessenen Umfang befriedigt werden.

These 5 (Kapitel IV, Abschnitt B)

Die viel zu starke Ausrichtung der Wirtschaft der sozialistischen Staaten allein auf materielle Produktionsleistung, die mangelnde wirtschaftliche Leistungsfähigkeit, falsche Motivation von Betriebsleitungen und Beschäftigten, sowie mangelnde demokratische Umweltkontrolle hat in den sozialistischen Staaten zu extrem hohen Umweltbelastungen geführt.

These 6 (Kapitel IV, Abschnitt C)

Hauptgrund für die Umweltschäden in der Sozialen Marktwirtschaft in ihrer derzeitigen Prägung ist die Fehllenkung des Eigeninteresses – gegen und nicht für den Umweltschutz nach dem Motto: „Wer sich vor Umweltschutz drückt, gewinnt oder hat sonstige persönliche Vorteile:" Dennoch bestehen prinzipiell hervorragende Möglichkeiten, dies zu ändern und das Gewinn- und Eigennutzstreben aller für den Umweltschutz zu mobilisieren. Dann ist auch – nach dem „Wirtschaftswunder" – das „Umweltwunder" in der Öko-Sozialen Marktwirtschaft möglich.

These 7 (Kapitel IV, Abschnitt D)

Die Umweltschäden in West und Ost lassen sich in Geld angeben. Sie belaufen sich in der Bundesrepublik Deutschland auf eine Größenordnung von 6% des Brottosozialprodukts und liegen damit jährlich bei ca. 120 Mrd. DM.

Die Umweltschäden in der UdSSR und in der DDR werden auf etwa 10%, in Polen sogar auf etwa 20% des Nationaleinkommens geschätzt. Die Umweltschutzinvestitionen liegen demgegenüber in Polen und in der UdSSR in einer Größenordnung von unter 1%, in der DDR bei rund 3% des Nationaleinkommens.

Sinnvolle Umweltschutzmaßnahmen machen sich in West und Ost auch rein ökonomisch „bezahlt": Jede sinnvoll in den Umweltschutz investierte 1 Million Mark erbringt einen Nutzen von – mindestens – 3 Millionen Mark in Form von ersparten Umweltschäden.

These 8 (Kapitel IV, Abschnitt E)

Bei aller Anerkennung der Notwendigkeit des Einkommens- und Gewinnmaximierungsprinzips als Stimulanz für eine möglichst große Leistungserstellung in einer marktwirtschaftlich organisierten Volkswirtschaft: Nur durch entschiedene soziale und ordnungsrechtliche Korrekturmechanismen des Marktergebnisses kann eine ausreichend gerechte Verteilung des Einkommens, des Vermögens und der Lebenschancen sichergestellt und eine die marktwirtschaftliche Ordnung selbstgefährdende wirtschaftliche Machtzusammenballung in der Sozialen Marktwirtschaft verhindert werden.

These 9 (Kapitel V, Abschnitte A und B)

In einer Öko-Sozialen Marktwirtschaft wird neben der Aufstellung eines strikten und engen ordnungsrechtlichen ökologischen Rahmens mit umweltbezogenen Ge- und Verboten vor allem eine marktorientierte Umweltpolitik betrieben. Deren Hauptmerkmal besteht darin, daß für diejenigen, die sich umweltfreundlicher verhalten, ohne direkten Eingriff ein monetärer oder sonstiger Anreiz besteht. Unternehmen, Privathaushalte und andere umweltbeeinflussende Personen sollen dabei die Möglichkeit erhalten, in den umweltpolitisch notwendigen Grenzen flexibel zu agieren und sich möglichst kostengünstig auf diese Umweltschutzerfordernisse einzustellen. Es soll der Eigennutz, d.h. das Streben nach möglichst hohem Gewinn oder Konsumentennutzen von Arbeitnehmern, Konsumenten und Unternehmen, für den Umweltschutz mobilisiert werden.

Ein solches Konzept marktwirtschaftlicher Umweltpolitik
- führt über die Mobilisierung des Eigeninteresses aller zu mehr Umweltschutz,
- macht Umweltschutz relativ kostengünstiger und damit leichter durchsetzbar und verbessert langfristig die Wachstumschancen,
- stärkt das Vertrauen in die „Öko-Soziale Marktwirtschaft“, weil sie mit dem Umweltproblemen fertig werden kann, und
- führt zur Entbürokratisierung der Umweltpolitik.

These 10 (Kapitel V, Abschnitt C)

Bei der Realisierung einer Öko-Sozialen Marktwirtschaft und damit bei der Durchsetzung von Maßnahmen
- zur Aktivierung des Eigeninteresses aller Verbrauchergruppen zum Kauf von umweltfreundlichen Gütern,
- zur verbesserten Umweltkontrolle und zur verschärften Haftung bei umweltgefährdender Produktion und
- zur Aktivierung des Eigeninteresses von Gewerbe und Landwirtschaft an umweltverbessernden Maßnahmen auf den Gebieten der Luftreinhaltung, des Gewässer- und des Bodenschutzes sowie der Lärmbekämpfung,

wird sich innerhalb einer sehr kurzen Zeit eine gewaltige umweltfreundliche Umstrukturierung der Wirtschaft ergeben. Dies wird nicht nur eine deutliche und schnelle Entlastung der Umwelt und damit auch eine drastische Reduzierung der Kosten der Umweltzerstörung bedeuten, sondern auch einen großen Innovations- und Investitionsschub auslösen, der per saldo zu einem deutlichen Anstieg der umweltschutzbedingten Arbeitsplätze und damit zum Abbau der Arbeitlosigkeit führt.

These 11 (Kapitel VI)

Jeder Einzelne sollte in wesentlich stärkerem Umfang als bisher seinen umweltethischen Verpflichtungen gerecht werden: Einschneidende umweltpolitische Entscheidungen, die auch Nachteile und höhere Kosten für die Mitbürger mit sich bringen, müssen aus Überzeugung von ihrer Notwendigkeit von allen mitgetragen und akzeptiert werden. Darüber hinaus müssen sich noch wesentlich mehr Mitbürger ohne staatliche Vorschriften auch dann freiwillig umweltbewußt verhalten, wenn dies für sie Nachteile mit sich bringt.

Auch kein Manager und Betriebsleiter kann sich heutzutage der umweltethischen Verpflichtung zum Schutz der Umwelt entziehen. Der Kantsche Kategorische Imperativ muß für den Bereich des betrieblichen Umweltschutzes wie folgt in den umweltethischen kategorischen Imperativ „übersetzt" werden: „Handle so, daß bei der Herstellung der von Dir produzierten Güter die Umwelt nicht leidet, daß diese von Dir verkauften Güter während ihrer Nutzung der Umwelt nicht schaden und daß sie in ihrer Beseitigungsphase die Umwelt nicht mehr als unvermeidbar belasten."

These 12 (Kapitel VII)

Gerade konservative, d.h. die Werte bewahrenden und vom Geist des Christentums geprägten Parteien müssen als vom Grundverständnis her „geborene Umweltschutzparteien" eine führende Rolle in der Umweltpolitik und beim Aus- und Aufbau einer Öko-Sozialen Marktwirtschaft spielen, wollen sie ihren Grundüberzeugungen nicht untreu werden: Aus konservativer Sicht muß bei der Nutzung der natürlichen Umwelt das seit Jahrhunderten in der Land- und Forstwirtschaft entwickelte Prinzip der Nachhaltigkeit realisiert werden, das ein Ausdruck der Generationensolidarität ist.

Dieses Prinzip gebietet einen sparsamen und schonenden Umgang mit der Natur, denn nur so können den zukünftigen Nutzern und den nachfolgenden Generationen gleiche oder ähnliche Ertrags- und vor allem Lebens- ja Überlebenschancen garantiert bleiben: Natur und Umwelt sollen der nächsten Generation nach-gehalten werden.

Aus christlicher Sicht hat der Mensch als einziges vernunftbegabtes Wesen die Freiheit und die Aufgabe, an der Weiterentwicklung der Schöpfung mitzuwirken, sie zu bewahren und verantwortungsbewußt zu gestalten. Tritt der Mensch gegenüber der Natur nicht als weiser Hüter, sondern als „Ausbeuter“ und skrupelloser „Zerstörer“ auf, verfehlt er seinen Auftrag.

So wie der Mensch den Garten Eden „bebauen und hüten“ sollte, gilt es, die dem Menschen anvertraute Natur zu nutzen und zu schützen, zu gestalten und zu bewahren. In einem System der Öko-Sozialen Marktwirtschaft wird dieser Schutz der Natur und Umwelt möglich.

These 13 (Kapitel VIII, Abschnitte A und B)

Das System der Öko-Sozialen Marktwirtschaft kann aber keineswegs allein von christlich-konservativen Parteien entwickelt und getragen werden. Es ist zugleich ein attraktives wirtschafts- und gesellschafts-politisches Konzept für alle ökologisch, sozial und marktwirtschaftlich ausgerichteten politischen Gruppierungen und Parteien im Osten wie im Westen.

These 14 (Kapitel VIII, Abschnitt C)

Da sowohl die wichtigsten demokratischen Kräfte in der DDR als auch in der Bundesrepublik Deutschland anstreben, Ökologie und Ökonomie in einer Ökologischen und Sozialen Marktwirtschaft miteinander zu versöhnen, ist diese neue, aus der Sozialen Marktwirtschaft weiterentwickelte Wirtschafts- und Gesellschaftsordnung nicht nur innerhalb des jeweiligen Staates ein Angebot zur politischen Zusammenarbeit dieser Kräfte. Darüber hinaus kann die Öko-Soziale Marktwirtschaft eine entscheidende ökonomische und politisch-geistige Klammer für das Zusammenwachsen der beiden deutschen Staaten werden!

II. Die Suche nach einer neuen bzw. verbesserten Wirtschafts- und Gesellschaftsordnung in Ost und West

Ost und West, d.h. sowohl die Staaten, die bisher ihr wirtschafts- und gesellschaftspolitisches Heil in planwirtschaftlich-sozialistischen Systemen gesucht und nicht gefunden haben, als auch die westlichen Staaten mit mehr oder weniger Sozialen Marktwirtschaften sind auf der Suche nach einer neuen bzw. verbesserten Wirtschafts- und Gesellschaftsordnung. Die Tatsache, daß in der DDR und in den anderen RGW-Staaten aufgrund des Zusammenbruchs der bisherigen Ordnung eine neue Wirtschafts- und Gesellschaftsordnung ungleich dringender ist als in den westlichen Staaten, darf nicht die Einsicht verdrängen, daß auch in den Staaten mit Sozialen Marktwirtschaften deutliche Verbesserungen erforderlich sind.

Dies soll in diesem Kapitel kurz skizziert werden. Die tiefergehende Darstellung der Konstruktionsfehler der planwirtschaftlich-sozialistischen Systeme und der Defizite der bisher praktizierten Sozialen Marktwirtschaft erfolgt in Kapitel IV.

A. Sozialistisch-planwirtschaftliche Systeme sind in der Realität gescheitert

1. Eigene Zielsetzungen total verfehlt

Die friedlichen Revolutionen in der DDR, in Polen, in Ungarn und in der CSSR, die blutige, aber erfolgreiche Revolution in Rumänien und die – all dies auslösende und ermöglichende – Perestroika des *Michail Gorbatschow* in der UdSSR haben ihren Ursprung nicht nur im Bedürfnis der Menschen nach dem Ende von mehreren Jahrzehnten Diktatur mit Freiheitsberaubung, Bevormundung und Unterdrückung. Sie sind auch Ausdruck des Scheiterns eines Wirtschafts- und Gesellschaftssystems, das weder die materiellen Wohlstands- noch die Umweltbedürfnisse und -notwendigkeiten der Menschen befriedigen konnte.

In der Realität von 70 Jahren sozialistisch-planwirtschaftlicher Ordnung in der Sowjetunion und von 40 Jahren dieser Wirtschaftsordnung in den übrigen RGW-Ländern mit zahlreichen Reform- und Reparaturversuchen hat sich erwiesen, daß eine marxistisch-sozialistische Wirtschaftsordnung mit den zentralen Elementen der „Vergesellschaftung der Produktionsmittel" und der zentralen Planung und Leitung der Volkswirtschaft absolut unbefriedigend funktioniert – auch und gerade gemessen an den Erwartungen der Vertreter des marxistischen Sozialismus: So gingen die Schöpfer dieser Wirtschafts- und Gesellschaftsordnung davon aus, daß mit der sozialistischen Produktionsweise eine sehr hohe Produktion erreicht werden könne. *Friedrich Engels* sprach sogar von „einer praktisch schrankenlosen Steigerung der Produktion selbst", welch eine – in Praxis nachgewiesene – haltlose Utopie!

Als Illusion haben sich auch die Vorstellungen im Parteiprogramm der Sozialistischen Einheitspartei Deutschlands erwiesen, nach dem der „Sozialismus die Werktätigen von Ausbeutung und Unterdrückung befreit."[1] Er eröffne für alle Mitglieder der Gesellschaft die Möglichkeit, „ihre schöpferischen Fähigkeiten zu entfalten, eine hohe Bildung zu erwerben, ihre demokratischen Rechte und Freiheiten aktiv zur Vorwärtsentwicklung der sozialistischen Gesellschaft zu nutzen, ihre Persönlichkeit aktiv zu entwickeln ... Der Sozialismus gibt allen Menschen die Perspektive eines glücklichen Lebens, einer erfüllten Zukunft." Außerdem „vollzieht sich in der entwickelten sozialistischen Gesellschaft ... eine stetige Hebung des materiellen und geistigen Lebensniveaus." Mitnichten: In Polizeistaaten mit einem brutalen Überwachungs- und Unterdrückungsapparat à la Staatssicherheitsdienst und Securitate konnten sich weder die „schöpferischen Fähigkeiten der Menschen entfalten", noch konnten diese „ihre demokratischen Rechte und Freiheiten nutzen", noch hatten die allermeisten Menschen in diesen Staaten – von der mehr oder weniger korrupten Funktionärsclique abgesehen – die „Perspektive eines glücklichen Lebens, einer erfüllten Zukunft"!

---

[1] Zitiert nach *Thalheim, K. C.:* Entstehung und Entwicklung des Wirtschaftssystems der DDR nach dem II. Weltkrieg, in: *Bundesministerium für innerdeutsche Beziehungen* (Hrsg.): Materialien zum Bericht zur Lage der Nation im geteilten Deutschland 1987, Bonn 1987, S. 19.

Und anstelle der „stetigen Hebung des materiellen und geistigen Lebensniveaus“ hat – 45 Jahre nach dem Zweiten Weltkrieg – das sozialistisch-planwirtschaftliche System eine permanente – mehr oder weniger große – Mangelwirtschaft und eine allgegenwärtige geistige Unterdrückung „produziert“. Außerdem: In manchen Gebieten der DDR, so im Raum Halle, Leipzig-Merseburg, hat der real existierende Sozialismus zu so extremen Umweltbelastungen geführt, daß die Lebenserwartung der Bevölkerung in dieser Region um mehrere Jahre niedriger liegt als im Durchschnitt der DDR. Hierfür gibt es nur einen angemessenen Ausdruck: Schwerste Umweltkriminalität!

2. Die Vorzüge des DDR-Modells und ihre Beurteilung

Diese sehr „harten“ Aussagen über die Ergebnisse von 40 bzw. 70 Jahren sozialistisch-planwirtschaftlicher Ordnung werden durch die erste einigermaßen repräsentative Umfrage in der DDR und in der Bundesrepublik Deutschland zu den Vor- und Nachteilen im jeweiligen Staat kaum relativiert (siehe Graphik auf Seite 15).

Auch wenn keineswegs die Absicht besteht, Vorzüge und Vorsprünge der DDR gegenüber der Bundesrepublik Deutschland schmälern zu wollen, so sind jedoch zu den – nach Ansicht der DDR-Bevölkerung (und z. T. auch der Bevölkerung der Bundesrepublik) – Vorzügen der DDR folgende Anmerkungen zu machen:

Quelle: SPIEGEL/ZDF-Umfrage in der DDR und in der Bundesrepublik Deutschland (durchgeführt in der DDR vom Institut für Soziologie und Sozialpolitik der Akademie der Wissenschaften der DDR), in: DER SPIEGEL, 43. Jg. (1989), Nr. 51 vom 18. Dezember 1989, S. 87.

Vorzüge und Nachteile der Systeme in beiden deutschen Staaten in der Meinung der Bevölkerung

In der DDR legte das Ost-Berliner Akademie-Institut, bei einer Parallel-Umfrage in der Bundesrepublik das Emnid-Institut den Befragten eine Liste mit 16 Aufgabenbereichen vor. Die Frage, die in beiden deutschen Staaten gestellt wurde: „Bitte sagen Sie mir, ob auf dem jeweiligen Gebiet die Bundesrepublik der DDR überlegen ist, ob umgekehrt die DDR der Bundesrepublik überlegen ist, oder ob beide gleichauf sind.“ Links das Ergebnis in der DDR, rechts das Ergebnis in der Bundesrepublik, jeweils (in Prozent) der Anteil der Befragten, der einen der beiden Staaten für Überlegen erklärt:

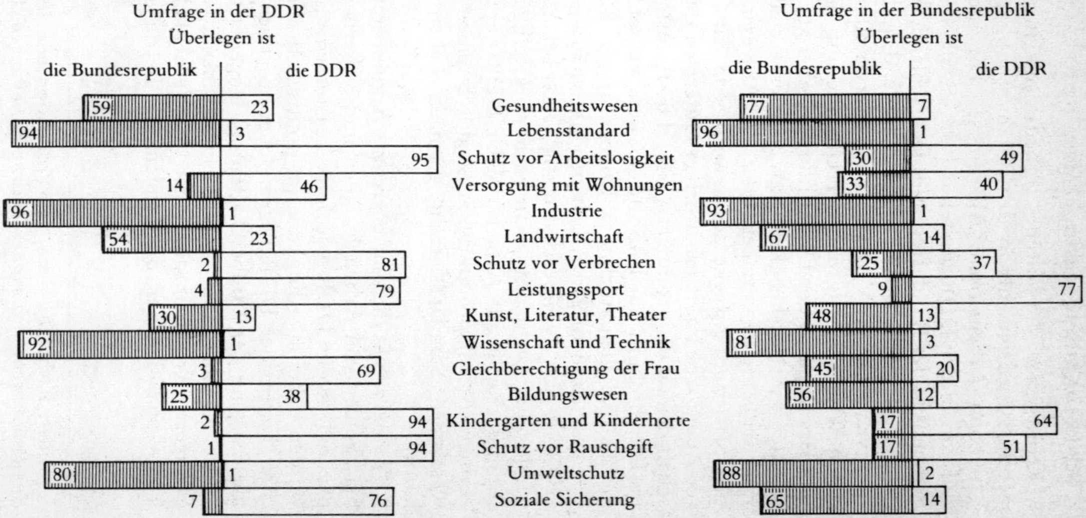

Keine Frage, die „offene" Arbeitslosigkeit in der DDR ist deutlich niedriger als in der Bundesrepublik mit fast zwei Millionen Arbeitslosen. Allerdings: „Die industrielle Produktion in der DDR erreichte 1983 etwa ein Viertel der Erzeugung in der Bundesrepublik Deutschland, benötigte dafür aber relativ doppelt soviel Arbeitskräfte, d.h. die Arbeitsproduktivität liegt im Vergleich nur bei etwa 50 v.H."[2] Mit anderen Worten: Aufgrund der Überalterung des Maschinen- und Anlageparks der DDR-Industrie, aber auch wegen „versteckter" Arbeitslosigkeit bzw. Unterbeschäftigung durch z.T. fehlende Materialien oder die Abwesenheit vom Arbeitsplatz zum Zwecke des Erwerbs von zum Teil nur während der Arbeitszeit erhältlichen Gütern in der Mangelwirtschaft der DDR, produzierte ein DDR-Industriebeschäftigter im Durchschnitt nur halb soviel Güter wie sein gleichqualifizierter und gleichtüchtiger Kollege in der Bundesrepublik. Bei einer so niedrigen Arbeitsproduktivität wie derzeit in der DDR ist eine „Vollbeschäftigung" auch bei insgesamt geringer Produktion relativ leicht zu bewerkstelligen. Das vielgerühmte „Recht auf Arbeit" in der DDR wird derzeit – via geringe Arbeitsproduktivität – durch einen gemessen an westlichen Standards recht geringen Lebensstandard „erkauft"!

Thalheim faßt die sehr begrenzte Argumentation zum Thema „Fehlen von Arbeitslosigkeit und Sicherheit des Arbeitsplatzes" in der DDR wie folgt zusammen: „Nicht genannt werden dabei allerdings die im politischen und wirtschaftlichen System der DDR begründeten negativen Ursachen für die Existenz der Vollbeschäftigung: lange Zeit hindurch die starke Abwanderung nach Westdeutschland, die wesentlich geringere Arbeitsproduktivität, die erheblich niedrigeren Löhne und Gehälter, die Tendenz der Betriebe zur Hortung

---

[2] Zitiert nach *Schwartau, C.:* Produktion und Produktivität, in: *Bundesministerium für innerdeutsche Beziehungen* (Hrsg.): Materialien zum Bericht zur Lage der Nation im geteilten Deutschland 1987, Bonn 1987, S. 345.

von Arbeitskräften, der Personalbedarf der Planungs- und Wirtschaftsbürokratie."[3]

Nicht zuletzt auf die höhere Arbeitsproduktivität in der Bundesrepublik ist es auch zurückzuführen, daß – obwohl in der DDR mehr Verdiener zum Haushaltseinkommen beisteuern, das Haushaltseinkommen in der Bundesrepublik Deutschland durchschnittlich bei 3500 DM netto liegt, in der DDR – kaufkraftbereinigt – bei 1750 Mark.[4] Werden die Versorgungsschwierigkeiten mitberücksichtigt, muß die Kaufkraft der DDR-Mark um ein weiteres Achtel gegenüber der DM reduziert werden.[5]

Außerdem: Auch aufgrund der hohen Produktivität der Wirtschaft der Bundesrepublik Deutschland konnte eine – relativ – gute soziale Sicherung bei Arbeitslosigkeit verwirklicht werden. So erhielten 1984 die Empfänger von „Arbeitslosengeld" mit 63 bis 68% des Nettolohnes (in der Zeit der Arbeitslosigkeit zwischen der 17. Woche und maximal zwei Jahren) zwischen 498 DM (bis 19 Jahre Alter) und 1183 DM (über 54 Jahre), durschnittlich 896 DM pro Monat. Längerfristige Arbeitslose erhalten als „Arbeitslosenhilfe" nur 56 bis 58% ihres letzten Nettolohnes, d.h. zwischen 417 DM (bis 19 Jahre) und 826 DM (über 54 Jahre); durchschnittlich waren dies im Jahr 1984 766 DM.[6] Auch wenn das Schicksal der Arbeitslosigkeit durch solche finanzielle Ausgleiche keineswegs auch nur annähernd voll ausgeglichen werden kann: Die Arbeitslosen in der Bundesrepublik Deutschland sind – rein finanziell gesehen – den vollbeschäftigten DDR-Arbeitnehmern, die 1983 durchschnittlich brutto 955 DM verdienten,[7] nach Abzug von Steuern und Sozialbeiträgen (14,6%)[8] tatsächlich netto rund 820 Mark verdienten, gleichgestellt! Weder in der DDR noch in der Bundesrepublik Deutschland dürfte diese Tatsache (in vollem Umfang) bekannt sein!

---

[3] *Thalheim, K. C.:* Reformbedarf und Reformfähigkeit der sozialistischen Planwirtschaft in der DDR, in: *Bundesministerium ...*, a.a.O., S. 162.

[4] Vgl. *Melzer, N.:* Preise und Kaufkraft, in: *Bundesministerium ...*, a.a.O., S. 518 und 504.

[5] Vgl. ebenda, S. 519, Fußnote 9.

[6] Vgl. ebenda, S. 590f.

[7] Vgl. ebenda, S. 493.

[8] Vgl. ebenda, S. 498.

Schutz vor Rauschgift/Schutz vor Verbrechen

In bezug auf – private, nicht staatliche (!) – Kriminalität wird jeder totalitäre (gleichgültig ob stalinistische oder faschistische) Staat demokratischen Staaten überlegen sein! Auch wenn auf diesem Sektor in der Bundesrepublik Deutschland und in anderen demokratischen Staaten die Anstrengungen noch deutlich verstärkt werden könnten und sollten: Demokratische Freiheiten bedeuten fast zwangsläufig Lockerung der polizeistaatlichen Überwachung und Kontrolle, was auch mit unleugbaren Nachteilen verbunden ist. Auch eine sich demokratisierende DDR wird erfahren und erkennen müssen, daß Schutz vor Kriminalität und Suchtgefahren stärker in der Vorbeugung als in der polizeistaatlichen Überwachung gesucht werden muß, was schwer genug ist und keinesfalls perfekt sein kann!

Kindergärten und Kinderhorte

Auf diesem Sektor ist eine klare Überlegenheit der DDR gegenüber der Bundesrepublik Deutschland zu konstatieren. Abgesehen davon, daß mit der ausreichenden Zahl von Kindergärten- und -hortplätzen die Möglichkeiten der Mütter erleichtert werden, in ihrer Berufstätigkeit fortzufahren und dies als ein Beitrag zur – beruflichen – Gleichberechtigung der Frau angesehen werden kann und muß, so war und ist die hohe Zahl der Kindergärten und -hortplätze eine zwingende volkswirtschaftliche Notwendigkeit in der DDR: Angesichts der geringen Arbeitsproduktivität in der DDR mußte und muß das Arbeitskräftepotential in diesem Staat auch bei den Frauen so weit wie möglich ausgeschöpft werden, und dies wäre ohne eine entsprechende Kinderbetreuung nicht möglich. Nicht zuletzt dieser Grund macht es verständlich, daß in der DDR 1983 mit 47,2% der Anteil der Frauen an den Erwerbstätigen deutlich über dem Anteil von 38,3% in der Bundesrepublik Deutschland lag.[9] Andererseits ist dieser hohe Frauenanteil in der DDR sicherlich nicht nur ein Anzeichen der großen Arbeitsfreude und dem Wunsch nach (beruflicher) Gleichberechtigung: Bei ausreichendem Einkommen eines Familienmitgliedes würden sicherlich ein größerer Anteil (!)

---

[9] Vgl. ebenda, S. 277.

der Frauen und Mütter den Wunsch nach einer intensiveren – familiären – Kinderbetreuung und der stärkeren Konzentration auf Haushaltsführung, (in der DDR relativ zeitaufwendige) Einkaufs- und Hobbytätigkeiten realisieren.

Um nicht mißverstanden zu werden: Aufgrund der unterschiedlichen Lebenseinstellungen bestehen beträchtliche Meinungsunterschiede bei Frauen und Müttern über Berufstätigkeit, individuelle Familien-Kindererziehung, Hausfrauen-Berufstätigkeit usw., die – idealerweise bei ausreichendem Einkommen und Vollbeschäftigung – jede Frau selbständig für sich entscheiden können sollte.

Gleichberechtigung der Frau

Aufgrund der wesentlich höheren Erwerbstätigkeit der Frauen in der DDR und der – vermutlich – relativ besseren Aufstiegschancen der Frauen im Beruf haben nach der Spiegelumfrage die DDR-Bewohner den Eindruck einer größeren Gleichberechtigung der Frauen in ihrem Staat. Bei den Bewohnern in der Bundesrepublik überwiegt demgegenüber die Meinung der höheren Gleichberechtigung der Frauen im westlichen Teil Deutschlands. Hier dürften wohl die aufgrund der besseren Einkommenssituation in der Bundesrepublik vorhandenen Wahlmöglichkeiten zwischen Berufstätigen und Hausfrauen- und Kinderbetreuungstätigkeit sowie andere Freiheiten bei der Einschätzung der Gleichberechtigung der Frau in beiden deutschen Staaten eine gewisse Rolle gespielt haben.

Leistungssport

Der Vorsprung der DDR in allen Sportarten, die nicht auch im Westen mit „fürstlichen“ Einkommen belohnt werden (Fußball, Tennis usw.), ist aufgrund der starken staatlichen Unterstützung des Leistungssports und der – bisherigen – Befreiung von DDR-Unfreiheiten (z.B. Reisen ins „kapitalistische“ Ausland) eindeutig. Die Privilegierung des (Leistungs-)Sports mit der Folge außerordentlich großer sportlicher Erfolge ist mit Sicherheit auf die Zielsetzung der bisherigen DDR-SED-Staatsführung zurückzuführen, über sportliche Erfolge – relativ kostengünstig – ein DDR-Selbstbewußtsein und -Nationalgefühl mitschaffen zu helfen. Die Kritik an der Leistungssportförderung nach der friedlichen Revolution in der DDR zeigt aber, daß diese sportlichen Erfolge zumindest sehr zwiespältig angesehen wurden und sicherlich auch werden.

Soziale Sicherung

Auf diesem Sektor registriert die Spiegel-Befragung die krassesten Unterschiede zwischen der Einschätzung der DDR-Bevölkerung und der der Bundesrepublik Deutschland.

Die – sicherlich nicht vorurteilslosen – Autoren aus dem westlichen Teil Deutschlands können sich nicht des Eindrucks erwehren, als ob dieses Befragungsergebnis in der DDR vor allem auf die jahrelange Agitation der SED und auf schlichte Uninformiertheit über die sozialen Sicherungssysteme in der Bundesrepublik Deutschland zurückzuführen ist. Kaum einem DDR-Bürger dürfte bekannt sein, daß – wie oben dargestellt – die Arbeitslosen genauso viel Arbeitslosenunterstützung in DM erhalten, wie Vollbeschäftigte in der DDR in Mark verdienen. Das gleiche gilt für die wesentlich höheren Leistungen in der Bundesrepublik in der Altersversorgung. Die bundesdeutschen Rentner sind ungleich besser gestellt als die in der DDR: „Die durchschnittlichen Haushaltsnettoeinkommen der DDR-Rentner beliefen sich 1983 z.B. nominal nur auf ein Viertel (!) der Haushaltseinkommen von Rentnern in der Bundesrepublik; bei Berücksichtigung der Kaufkraftunterschiede waren es knapp „ein Drittel".[10] Das heißt: Wenn DDR-Rentner in ihrer Berufszeit nichts „zurücklegen" konnten, sind sie – unverdientermaßen – bettelarm und in materieller Not – dies ist fürwahr keine angemessene soziale Sicherung!"

Auch die Leistungen bei Krankheit und Invalidität, die Hinterbliebenenversorgung, das Kindergeld, die Sozialhilfe/Sozialfürsorge, das Wohngeld für einkommensschwache Wohnungsmieter usw. dürfte den Befragten in der DDR kaum bekannt gewesen sein! Darüber hinaus steht die gute Einschätzung der „Sozialen Sicherung" in der DDR im Widerspruch zu den anderen – die Soziale Sicherung ganz wesentlich mitbeeinflussenden – Aspekten in der oben wiedergege-

---

[10] Vgl. ebenda, S. 578.

benen Spiegel/ZDF-Umfrage: Wenn nach Meinung der DDR-Bevölkerung die Industrie (größerer verteilbarer Sozialprodukt„kuchen"!), der Lebensstandard (Möglichkeit der individuellen sozialen Sicherung durch Lebensversicherungen usw.), der Umweltschutz (extreme Gesundheitsbelastung in einigen DDR-Bezirken!) und das Gesundheitswesen der Bundesrepublik Deutschland als dem der DDR weit überlegen angesehen wird, dann ist es geradezu unlogisch, davon auszugehen, daß diese – eindeutigen – Vorzüge in der Bundesrepublik nicht auch entsprechende Auswirkungen auf das System der Sozialen Sicherung haben. Nicht von ungefähr sind die relativ besser informierten Bundesbürger zu zwei Dritteln der Meinung, die Soziale Sicherung in der Bundesrepublik Deutschland sei besser als in der DDR!

Summa summarum

Trotz einiger unleugbarer, aber zumindest zu relativierender Vorzüge des sozialistisch-planwirtschaftlichen Systems in der DDR im Vergleich zu dem der Sozialen Marktwirtschaft in der Bundesrepublik Deutschland kann und muß gesagt und wiederholt werden: Die sozialistisch-planwirtschaftlichen Systeme in der DDR und den übrigen RGW-Staaten sind gescheitert, da sie weder die Freiheitsbedürfnisse ihrer Bürger noch ihre materiellen Wohlstands- und Umweltbedürfnisse befriedigen konnten.

Angesichts der extremen Defizite der planwirtschaftlich-sozialistischen Systeme – dies wird in Kapitel IV näher erläutert – hilft keine leichte Modifikation oder Reform dieses Systems. Es bedarf eines neuen Wirtschafts- und Gesellschaftssystems, nämlich der Öko-Sozialen Marktwirtschaft, um den Menschen in der DDR und den anderen RGW-Ländern eine lebenswerte Zukunft zu ermöglichen.

B. Auch Soziale Marktwirtschaften haben dringende Verbesserungsnotwendigkeiten

Auch wenn sich per saldo die Soziale Marktwirtschaft (Beispiel: Bundesrepublik Deutschland) dem real existierenden Sozialismus (Beispiel: DDR) in fast allen wirtschaftlichen, sozialen und umweltbezogenen Belangen als überlegen erwiesen hat, bedeutet dies keinesfalls, daß es sich dabei um ein „ideales“ Wirtschafts- und Gesellschaftssystem handelt. Auch dieses System muß weiter verbessert werden und zwar vor allem in folgenden Bereichen:

- In der Bundesrepublik Deutschland gibt es eine nicht genau bezifferbare „versteckte“ Armut. Viele Bedürftige nehmen aus falscher Scham oder Uniformiertheit ihnen zustehende Leistungen der Sozialhilfe bzw. der Sozialfürsorge nicht in Anspruch und leben deshalb in Armut. Dies muß durch wirkungsvolle Maßnahmen – sei es bessere Organisation oder sei es die Einführung einer allen Bürgern zustehenden Mindestrente – dringend geändert werden.
- Das – alles in allem – gut ausgebaute Netz der Sozialen Sicherung in der Bundesrepublik Deutschland wird auf Kosten der Steuer- bzw. Beitragszahler von einigen Bürgern mißbraucht. Dies muß durch entsprechende Regelungen – z. B. im Bereich des Arbeitslosengeldes bzw. der Arbeitslosenhilfe – geändert werden.
- Die mit rund 2 Millionen Arbeitslosen viel zu hohe Arbeitslosigkeit in der Bundesrepublik Deutschland muß durch Förderung eines umweltfreundlichen Wirtschaftswachstums, Erhöhung und Änderung der Berufsqualifikation von Arbeitslosen, flexible Verkürzung der Arbeitszeit und Eingliederung von Problempersonen und -gruppen in den Arbeitsmarkt abgebaut werden.
- Trotz eines inzwischen gut ausgebauten Wettbewerbsrechts besteht in der Sozialen Marktwirtschaft immer wieder die Gefahr, daß durch abgestimmte Verhaltensweisen, (inoffizielle) Verhaltensabsprachen von Anbietern gleicher Produkte (Kartelle) oder durch Versuche des Erwerbs von marktbeherrschenden Stellungen auf bestimmten Märkten, der Wettbewerb beschränkt oder beseitigt wird und damit ein Wesensmerkmal der Marktwirtschaft beschädigt wird. Dies muß durch stete Wachsamkeit der Behörden und ggf. weitere Verbesserungen des Wettbewerbsrechts verhindert werden.
- Die Vermögenskonzentration in der Bundesrepublik – bezogen auf alle privaten Vermögensarten, insbesondere aber beim Produktivvermögen – ist zu ungleich und damit unge-

recht. Durch verstärkte Vermögensbildungsmaßnahmen zum Zwecke der Mitbeteiligung der Arbeitnehmer am Produktivkapital muß dies dringend verändert werden.

- Die Arbeitnehmerrechte müssen in der Bundesrepublik Deutschland über die bisherigen mit den Personalvertretungs- und den Mitbestimmungsgesetzen gegebenen Möglichkeiten hinaus ausgebaut werden.
- Das Soziale Netz in der Bundesrepublik Deutschland muß insbesondere für die wirklich Bedürftigen noch enger geknüpft und verbessert werden. Andererseits sollten die sehr gut Verdienenden verstärkt zur Eigenhilfe veranlaßt werden.

Im Rahmen der – auch für den Bereich der Bundesrepublik Deutschland und anderer westlicher Länder – zu verbessernden und von einer Sozialen zur Öko-Sozialen Marktwirtschaft auszubauenden Ordnung, müssen diese Aspekte neben den dringenden Verbesserungsnotwendigkeiten auf dem Umweltsektor (siehe Kapitel V) unbedingt berücksichtigt werden.

III. Öko-Soziale Marktwirtschaft – neues bzw. verbessertes Wirtschafts- und Gesellschaftssystem für Ost und West

Aus den vorstehenden Kurzdarstellungen ist bereits deutlich geworden, daß es in der DDR und in den anderen RGW-Ländern dringend eines grundlegend neuen Wirtschafts- und Gesellschaftssystems bedarf, um den materiellen und den Umweltbedürfnissen der Menschen in diesen Staaten zu entsprechen. Auch in der Sozialen Marktwirtschaft der Bundesrepublik Deutschland müssen bestehende soziale und wirtschaftliche Defizite, insbesondere aber noch gravierende strukturelle und z. T. systembedingte Umweltmängel beseitigt werden. Für beide Wirtschaftssysteme in Ost und West ist die Öko-Soziale Marktwirtschaft das gesuchte neue bzw. verbesserte Wirtschafts- und Gesellschaftssystem.

A. Definition und Beschreibung der Öko-Sozialen Marktwirtschaft

In der einleitenden These 2 wurde die Öko-Soziale Marktwirtschaft als diejenige Wirtschaftsordnung definiert, in der

- auf der Basis von Privateigentum und freien Märkten das wirtschaftliche Eigeninteresse zur Förderung der Waren- und Dienstleistungserstellung eingesetzt wird,
- gleichzeitig wettbewerbsbeschränkend wirtschaftliche Machtzusammenballungen verhindert, zu große Einkommens-, Vermögens- und Lebenschancen-Ungleichheiten durch ein Netz von sozialen Mechanismen korrigiert, soziale Gerechtigkeit in ausreichendem Umfang realisiert und durch geld- und finanzpolitische Eingriffe das gesamtwirtschaftliche Gleichgewicht verwirklicht werden sollen,
- und in der durch Setzung eines engen umweltrechtlichen ökologischen Rahmens und seines Vollzugs, sowie durch den Einbau von ökonomischen Anreizinstrumenten die Umwelt in ausreichendem Umfang geschützt und für die Generationen der Kinder und Kindeskinder erhalten und bewahrt wird.

Nach dieser Definition besteht die Öko-Soziale Marktwirtschaft aus drei aufeinander aufbauenden Strukturelementen:

- Elementen der freien Marktwirtschaft, insbesondere den Rechtsinstitutionen des Privateigentums, der Vertrags-, Berufs- und Konsumfreiheit, durch die sich auf den verschiedenen Gütermärkten und bei möglichst intensivem Wettbewerb freie Preise herausbilden sollen.
- Elementen des Sozialstaats, mit denen über die Steuern und Versicherungsbeiträge bzw. über staatliche und staatlich beeinflußte Ausgaben durch eine soziale, wettbewerbs- und unternehmensverfassungsrechtliche Rahmengesetzgebung sowie durch eine geld- und finanzpolitische Globalsteuerung soziale und gesamtwirtschaftlich unerwünschte Entwicklungen einer freien Marktwirtschaft beseitigt oder reduziert werden sollen.

- Elementen einer strengen umweltrechtlichen Rahmensetzung und den Einbau ökonomisch, d.h. das Eigeninteresse am Umweltschutz, stimulierender marktorientierter umweltpolitischer Instrumente.

Diese Elemente und ihre Wirkungsweisen sollen im folgenden kurz erläutert werden.

1. Elemente der freien Marktwirtschaft

Die Rechtsinstitutionen des Privateigentums, der Vertrags-, der Berufs- und der Konsumfreiheit – in Demokratien ergänzt um die Wahlfreiheit aller Bürger – sollen gewährleisten, daß das Eigeninteresse aller Bürger in größtmöglichem Umfang auf den Märkten, auf denen sich Angebot und Nachfrage treffen, und im politischen Prozeß verwirklicht werden kann.

Die dem marktwirtschaftlichen System zugrunde liegende Grundidee ist von *Adam Smith* mit der Metapher von der „unsichtbaren" Hand umschrieben worden: Indem jeder Einzelne seine Interessen verfolgt, sorgt der für eine marktwirtschaftliche Ordnung grundlegende und entscheidende Wettbewerb zwischen Unternehmen aber auch Käufern mit unsichtbarer Hand dafür, daß ein Ergebnis zustande kommt, daß niemand bewußt angesteuert hat, das aber gleichwohl gesellschaftlich akzeptabel ist. Insbesondere sorgt dieser Wettbewerb und das Erfolgs- und Gewinnstreben aller für die größtmögliche Steigerung des Sozialprodukts, d.h. des Wertes an Gütern und Dienstleistungen.

Bezogen auf die Nachkriegssituation in der Bundesrepublik Deutschland, die in vielen Punkten mit denen der DDR im Jahr 1990 vergleichbar ist (mit besseren Ausgangsbedingungen durch mögliche massive bundesdeutsche Hilfe), läßt sich das Wirken der Marktkräfte relativ einfach erklären: Ende der 40er/Anfang der 50er Jahre wurden die Fesseln der nationalsozialistischen Zwangswirtschaft zerschnitten. Mit dem System der Sozialen Marktwirtschaft konnte das Eigeninteresse fast aller Menschen für den Wiederaufbau des zerstörten Landes mobilisiert werden. Wer viel und gut arbeitete – und das war praktisch die gesamte Nachkriegsgeneration –, konnte mehr Einkommen erzielen und damit seine eigene Lebenslage z.B. durch besseres Essen und Wohnen angenehmer gestalten.

Durch das Setzen auf diese marktwirtschaftlichen Triebkräfte ist es gelungen, das zerstörte Land wieder aufzubauen und als Industrienation von Weltrang wieder zu installieren.

Die (Soziale) Marktwirtschaft hat die Nachkriegsherausforderung „Materieller Wiederaufbau und Schaffung von Arbeitsplätzen für ein Millionenheer von Arbeitslosen" durch das viel bestaunte Deutsche Wirtschaftswunder und damit ihre ökonomische Bewährungsprobe glänzend bestanden. Durch das bestehende Privateigentum auch an Produktionsmitteln haben die Unternehmer ein großes Interesse an der Gewinnmaximierung, genauso wie die Arbeitnehmer ein großes Interesse an einem möglichst hohen Lohn durch gut bezahlte, hochqualifizierte und viel Arbeit hatten. Gleichzeitig haben aber die Unternehmer auch Konkurrenten und Wettbewerber, die gleichfalls über eine hohe (verkaufte) Produktion ihren Gewinn maximieren wollen.

Über möglichst niedrige Preise am Markt, gute Qualität der Produkte, Service, knappe Lieferfristen, Vielfältigkeit des Angebotes können die Wettbewerber versuchen, eine möglichst große Menge an Produkten, die ihnen Gewinne einbringen, zu verkaufen.

Besteht auf einem Markt ein besonders hoher Bedarf an bestimmten Gütern und steht diesem nur ein relativ kleines Angebot gegenüber, so werden sich auf diesem Markt hohe Preise – unabhängig von den Produktionskosten – ergeben. Nicht Käuferschlangen – wie z.B. 12 bis 14 Jahre Wartezeit auf einen „Trabbi" – werden sich ergeben, sondern hohe Marktpreise werden potentiellen Produzenten signalisieren, daß auf einem bestimmten Markt viel Geld zu verdienen ist, sprich: Gewinne zu machen sind. Im Ergebnis wird sich das Angebot an den besonders begehrten Gütern deutlich ausweiten, und die Preise für diese Güter werden sinken, weil nur relativ wenige Käufer bereit sind, die besonders hohen Preise zu bezahlen, und nur zu niedrigeren Preisen die gesamte Gütermenge (z.B. sehr viele „Trabbis" oder – hoffentlich – bessere Autos) abgesetzt werden können. Der Preis hat also in einer Marktwirtschaft zwei unentbehrliche Funktionen: Er zeigt an, wie hoch die Nachfrage im Verhältnis zum Angebot ist (Informationsfunktion). Er koordiniert damit die vielfältigsten Einzelentscheidungen und Bedürfnisse von Millionen von möglichen Konsumenten und die Entscheidungen von Güterproduzenten (Koordinierungsfunktion). Dieser Mechanismus ist jeder bürokratischen Planungsbehörde prinzipiell und immer überlegen, weil diese niemals die Bedürfnisse aller Konsumenten, die Produktionsmöglichkeiten und deren Kosten und alle Produzenten (und die, die noch dazu werden können) kennen kann. Außerdem hat der Preis die außerordentlich wichtige Anreizfunktion, indem er – bei im Vergleich zu den betrieblichen Kosten – relativ großer Höhe die Produzenten zu einer Mehrproduktion anregt, die im Wettbewerb dann wieder zu einer Senkung der Preise führt. Der Wettbewerb zwischen mehreren Produzenten sorgt dafür, daß kein Hersteller auf Dauer unangemessen hohe Preise von den Konsumenten verlangen kann, weil er sonst seine Käufer an andere Produzenten verliert.

Der Marktmechanismus sorgt also über den sich am Markt bildenden freien Preis und den Wettbewerb für eine Befriedigung der sich am Markt herausstellenden Nachfrage der Millionen von Käufern, ohne daß die „Kapitalisten" bzw. die Unternehmer willkürlich hohe Gewinne erhalten können. Der Wettbewerb sorgt im Gegenteil dafür, daß Produzenten, die veraltete Produkte oder Produkte zu zu hohen Preisen am Markt anbieten, Verluste machen und, wenn sie nicht zu technischen oder wirtschaftlichen Innovationen fähig sind, aus dem Markt ausscheiden müssen. Das kann bei Einzelunternehmern den Bankrott und Schulden bis zum Lebensende bedeuten. Das marktwirtschaftliche System eröffnet also einerseits – je nach technisch-wirtschaftlicher Marktstellung – mehr oder weniger große Gewinnchancen, hält aber auch „brutale" Sanktionen für die Unternehmer bereit, die neuen technischen, wirtschaftlichen und modemäßigen Trends nicht schnell genug folgen können. Aus diesem Grunde ist dieses Gewinn/Bankrott-Ausleseprinzip zugleich ein entscheidender Anstoß zum technischen Fortschritt und zu kosten- und preissenkenden Innovationen, die letzlich dem Konsumenten wiederum in Form von qualitativ verbesserten und/oder billigeren Produkten zugute kommen. Diese Elemente der „freien Marktwirtschaft" sorgen also für eine maximale Steigerung des Sozialprodukts, das je nach Steuer- und Sozialer Ordnung an die verschiedenen Bürger verteilt werden kann.

2. Elemente des Sozialstaates in der Öko-Sozialen Marktwirtschaft

In der Realität hat sich gezeigt, daß in einer freien Marktwirtschaft und auch in der Sozialen Marktwirtschaft dieser Mechanismus zwar gut funktioniert, andererseits aber unerwünschte Nebenerscheinungen hervorbringt, die in einem sozialen Staat nicht hingenommen werden können. Deshalb ist die freie Marktwirtschaft des 19. Jahrhunderts auch von *Karl Marx* zu Recht kritisiert worden, und diese Wirtschaftsordnung wurde deshalb durch den Einbau sozialer Elemente zur Sozialen Marktwirtschaft umgestaltet. Die wichtigsten sozial steuernden Elemente sollen kurz skizziert werden:

Der Wettbewerb hat zwar – wie oben geschildert – für die Volkswirtschaft sehr positive Wirkungen, die einzelnen Unternehmen haben aber damit eine selbst wirkende „Gewinnbremse", über die sie sich keineswegs freuen. Aus diesem Grunde gibt es immer wieder Bestrebungen, den Wettbewerb zu beschränken, z.B. indem Preisabsprachen zwischen Konkurrenten vereinbart werden, oder versucht wird, eine marktbeherrschende Stellung zu gewinnen, mit denen (wesentlich) höhere als Wettbewerbspreise für die Güter verlangt werden können. Hier muß der Staat in der Sozialen Marktwirtschaft eingreifen, um den Wettbewerb als wichtigstes marktwirtschaftliches Element sicherzustellen und die Konsumenten vor den unsozialen Folgen marktbeherrschender Stellungen (zu hohe Preise) zu schützen. (Die – auszubauenden – Möglichkeiten dazu sind in Abschnitt IV.E.4 dargestellt.)

Steuersystem nach dem Leistungsfähigkeitsprinzip: Auch wenn bei einem funktionierenden Wettbewerb die Unternehmen keineswegs willkürlich hohe Preise „diktieren" können, entstehen zumindest bei einigen Unternehmen sehr hohe Gewinne, die zu einer extremen Ungleichverteilung des Einkommens und des Produktivvermögens führen können. Aus diesem Grunde muß – neben Maßnahmen zur Vermögensbildung in Arbeitnehmerhand (s.u.) – zunächst das Einkommensteuerrecht so gestaltet werden, daß die Bezieher hoher Einkommen (d.h. auch angestellte und beamtete „Großverdiener") nach dem sogenannten „Leistungsfähigkeitsprinzip" durchschnittlich und für jede zusätzlich verdiente Mark wesentlich mehr Einkommensteuer zu bezahlen haben als Kleinverdiener. Hierbei besteht immer ein Zielkonflikt zwischen dem marktwirtschaftlichen Ziel eines möglichst großen Anreizes für bedarfsgerechte und damit gewinnträchtige Produktion und hochbezahlte Arbeit auf der einen und einem mehr oder weniger weitgehenden Ausgleich der Einkommensungleichheit auf der anderen Seite. Als Großverdiener in Schweden für jede zusätzlich verdiente Schwedenkrone über 90% an die Finanzbehörden abführen mußten, wanderten viele Schweden in „Steuerparadiese" aus. In der Bundesrepublik Deutschland hat man sich dafür entschieden, daß Kleinstverdiener einkommensteuerfrei bleiben, Klein- bis Mittelverdiener 19% für jede zusätzlich verdiente Mark abführen müssen und Großverdiener 51% von dieser Mark abzuführen haben.

Schaffung gerechter Sozialversicherungsysteme: In einer sozialen Marktwirtschaft müssen alle Bürger insbesondere die Leistungsschwachen und Behinderten –, soweit dies durch staatliche oder kollektive (Versicherungs-) Systeme möglich ist, vor den Risiken des Lebens in ausreichendem und möglichst gerechtem Umfang geschützt werden. So ist in der Bundesrepublik Deutschland ein hier im Einzelnen nicht darstellbares System der sozialen Sicherung mit den Hauptbereichen

- Altersversorgung,
- Invalidität,
- Hinterbliebenenversorgung,
- Krankheit,
- Leistungen bei der Geburt und der Betreuung von Kindern,
- Kindergeld,
- Verlust des Arbeitsplatzes und
- Sozialhilfe/Sozialfürsorge

geschaffen worden, das im Prinzip für alle Bürger ausreichende bis gute Leistungen zur Verfügung stellt. (Zu einigen Aspekten dieses Sicherungssystems und seiner Verbesserungsnotwendigkeit vgl. Abschnitt II.A.2 und IV.E. 1, 2 und 7).

Schaffung ausreichender Arbeitnehmerrechte: In jeder Wirtschaft, in der die Arbeitnehmer nicht zugleich de facto Miteigentümer ihres Unternehmens sind, wird ihr wirtschaftliches Schicksal und ihr Arbeitsleben von ökonomischen Interessen – sei es ihres staatlichen oder ihres privaten Arbeitgebers – bestimmt. Um hier elementare Arbeitnehmerinteressen nicht zu gefährden, müssen die Arbeitnehmer durch Personalvertretungs- und Mitbestimmungsrechte Möglichkeiten erhalten, auf diese „Fremdbestimmung“ ausreichend Einfluß zu nehmen. Dies ist in der Bundesrepublik Deutschland, wie in Abschnitt IV.E. 6 dargestellt wird, durch entsprechende Gesetze geschehen, die allerdings noch verbessert werden können und verbessert werden sollten.

Reduzierung der Vermögenskonzentration (beim Produktivvermögen): Nicht nur die Einkommenskonzentration, d.h. die sehr unterschiedliche Einkommensverteilung zwischen „großen“ und „kleinen“ Verdienern, sollte durch ein entsprechendes Einkommensteuersystem zum Teil korrigiert werden, sondern auch eine unerwünschte Vermögenskonzentration – insbesondere beim Produktivvermögen – sollte vermieden bzw. zumindest reduziert werden. Deshalb kann und sollte durch verschiedene Vermögensbildungsmaßnahmen in Arbeitnehmerhand – wie in der Bundesrepublik Deutschland gesehen – Einfluß genommen werden auf eine nach Gerechtigkeitsempfindungen und einer angemessenen wirtschaftlichen Machtverteilung ungerechten Konzentration des Produktivvermögens in zu wenigen Händen (siehe Abschnitt IV.E.5).

Sicherstellung des gesamtwirtschaftlichen Gleichgewichts: Es hat sich in marktwirtschaftlichen Ordnungen – aber nicht nur in diesen – gezeigt, daß es aufgrund verschiedener Ursachen immer wieder zu mehr oder weniger starken Störungen des gesamtwirtschaftlichen Gleichgewichts, z.B. durch Geldentwertung (Inflationierung) oder zu hoher Arbeitslosigkeit, kommen kann. Hier sollte der Staat in einer Sozialen Marktwirtschaft nach Kräften versuchen, diese Störungen abzuwehren bzw. zu verringern. So ist in der Bundesrepublik Deutschland mit dem Gesetz zur Förderung der Stabilität und des Wachstums im Jahr 1967 die gesetzliche Grundlage für eine zwischen Bund und Ländern abgestimmte Stabilitätspolitik geschaffen worden. Danach sind „Bund und Länder verpflichtet, ihre wirtschafts- und finanzpolitischen Maßnahmen so zu treffen, daß sie im Rahmen der marktwirtschaftlichen Ordnung gleichzeitig zur Stabilität des Preisniveaus, zu einem hohen Beschäftigungsstand und einem außenwirtschaftlichen

Gleichgewicht bei stetigem und angemessenen Wirtschaftswachstum" beitragen. Auch wenn inzwischen der Glaube an die vollkommene Steuerbarkeit von gesamtwirtschaftlichen Zyklen und Konjunkturen durch staatliche wirtschafts- und finanzpolitische Maßnahmen gesunken ist, so ist es andererseits unbestritten, daß der Staat bei den entsprechenden Entscheidungen die gesamtwirtschaftliche Situation unbedingt berücksichtigen und somit mehr oder weniger direkt steuernd eingreifen sollte. Erwiesen ist, daß die Zentralbank, in der Bundesrepublik die Bundesbank, durch eine entsprechende Geldmengenveränderung wesentlich zu einer Verstetigung des Wirtschaftsverlaufs, insbesondere auf dem Sektor der Geldwertstabilität, beiträgt.

3. Ordnungsrechtliche und marktwirtschaftliche umweltpolitische Elemente

Mit der ökonomisch außerordentlich erfolgreichen Sozialen Marktwirtschaft („Wirtschaftswunder") entstanden allerdings zugleich auch erhebliche Umweltprobleme:

Zunächst wurde angesichts von elementaren Nöten, wie Hunger und Wohnraumnot, aber auch auch nach Beseitigung dieser unmittelbaren Notlagen bis weit in die 70er Jahre hinein – so wie heute noch in der DDR und RGW-Staaten – das Umweltproblem nicht oder nicht in der nötigen Schärfe wahrgenommen und angegangen. Mit dem materiellen Wiederaufbau war leider auch in vielen Bereichen eine immer stärkere Umweltverschmutzung und -zerstörung durch Luft-, Wasser-, Boden- und Lärmbelastung sowie die Zerstörung naturnaher Räume und die Bedrohung und Verminderung von Tier- und Pflanzenarten verbunden.

Deshalb können Systemkritiker mit einigem Recht darauf verweisen, daß die Soziale Marktwirtschaft die ökologische Herausforderung unserer Tage und auch schon die der 60er und 70er Jahre, nämlich den „ökologischen Wiederaufbau und die Erhaltung der noch intakten Teile unserer Umwelt", bisher nicht ausreichend bestanden hat.

Wer würde den Satz bestreiten: „Wir haben unsere Umwelt nicht von unseren Vätern geerbt, sondern nur von unseren Enkeln geliehen?" Niemand, denn keiner bestreitet die soziale

Verpflichtung, unseren Nachkommen eine lebenswerte Umwelt zu hinterlassen! Und dennoch wird in der Sozialen Marktwirtschaft Tag für Tag die geliehene Umwelt der Enkel zerstört!

Der zweifellos wichtigste Grund dafür, daß sich viele Jugendliche und sonstige Wähler in der Bundesrepublik, den Grünen und Alternativen zugewendet haben, ist die vermeintlich offenkundige Unfähigkeit des marktwirtschaftlichen Systems, mit seinen Umweltproblemen – siehe Waldsterben, siehe Rhein-Katastrophe und -affären – fertig zu werden. Von vielen werden Gewinnstreben, marktwirtschaftliches System und Umweltzerstörung gleichgesetzt. Und tatsächlich: Viele Verantwortliche in der Wirtschaft sind mit ihrer Ablehnung von schärferen, aber sinnvollen und notwendigen Umweltschutzmaßnahmen bei dem Ausmaß der Sorglosigkeit im Umgang mit der Umwelt aus Gründen der Gewinnmaximierung zu den besten Wahlhelfern der Grünen geworden! Allerdings – und dies muß inzwischen mit gleicher Deutlichkeit gesagt werden: In der bundesdeutschen Wirtschaft scheint ein umweltpolitischer Umdenkungsprozeß stattgefunden zu haben. So werden nicht nur die verbalen Bekenntnisse zum Umweltschutz deutlicher, sondern es führt beispielsweise die deutsche Chemiewirtschaft inzwischen Umweltschutz- und Sicherheitsprogramme durch, die mehrere Milliarden DM kosten!

Prinzipiell gilt: Es ist nicht die Soziale Marktwirtschaft, die die Umwelt zerstört. Denn dann wäre sie per definitionem eine unsoziale, weil ungerechte Marktwirtschaft, die sich am Lebensrecht anderer vergreift. Es ist die Fehllenkung des Eigeninteresses – weniger Kosten, höhere Bequemlichkeit und Komfort bei höherer Umweltbelastung –, die uns alle in der Sozialen Marktwirtschaft in ihrer derzeitgen Prägung zu Umweltsündern macht! Eine wirklich Soziale Marktwirtschaft, in der im Adjektiv „sozial“ das Wort „ökologisch“ mit enthalten ist, muß statt dessen so gestaltet sein, daß es gewinnbringend und attraktiv ist, mehr statt weniger für den Umweltschutz zu tun! Wenn auf diese Weise der relativ kleine Schritt von der Sozialen zur Öko-Sozialen Marktwirtschaft getan wird, wird diese Wirtschaftsform ihre umweltschützende Herausforderung genauso gut bestehen, wie ihre ökonomische.

Wie eine wirksame Umweltpolitik in einer Öko-Sozialen Marktwirtschaft mit Hilfe von ordnungsrechtlichen und marktwirtschaftlichen umweltpolitischen Elementen gestaltet werden kann, wird ausführlich in Kapitel V dargestellt.

B. Von der praktizierten Sozialen Marktwirtschaft lernen heißt: Gute Erfahrungen nutzen

Neben den anderen RGW-Staaten hat insbesondere die DDR trotz des Zusammenbruchs ihres derzeitigen Wirtschafts- und Gesellschaftssystems prinzipiell hervorragende Chancen, ihre Wirtschafts- (und Umwelt-) Probleme schnell zu überwinden und ein ähnliches – umweltfreundlicheres – Wirtschaftswunder erreichen zu können wie die Bundesrepublik Deutschland in den fünfziger Jahren, und zwar aus folgenden Gründen:

- Entscheidet sich die DDR nach den ersten freien Wahlen für ein fortentwickeltes System der Marktwirtschaft, etwa die Öko-Soziale Marktwirtschaft, hat sie die allergrößten Aussichten, wesentlich mehr Hilfe aus der Bundesrepublik Deutschland und dem westlichen Ausland zu bekommen, als die Bundesrepublik Deutschland je durch die US-amerikanische Marshallplan-Hilfe erhalten hat. Dabei wird es sich nicht nur um staatliche Hilfe, sondern vornehmlich um einen privatwirtschaftlichen Kapital-, Wissens- und Managementtransfer handeln – mit allen positiven Folgen des Imports dieser wichtigen Wirtschaftsaktiva. Allerdings wird die DDR nicht daran vorbeikommen, den bundesdeutschen und anderen westlichen Investoren auch über Mehrheitsbeteiligungen an DDR-Betrieben ein bedeutendes Maß an Entscheidungsfreiheit für ein wirtschaftlich effizientes Management zuzugestehen und den Gewinntransfer zuzulassen. Dabei kann sie freilich über ihre neuen Wirtschaftsgesetze, z.B. über eine neue Gewinntransfersteuer oder die Mitbestimmung der Arbeitnehmer, einen wichtigen Einfluß auf das Verhalten der ausländischen Investoren nehmen.
- Der entscheidende Vorteil der DDR – aber auch anderer RGW-Länder – liegt aber darin begründet, daß die DDR von den positiven wie den negativen Erfahrungen mit der

Sozialen Marktwirtschaft im westlichen Ausland und insbesondere in der Bundesrepublik Deutschland lernen kann und lernen sollte. Sie ist allerdings keineswegs gezwungen, kritiklos das bundesdeutsche Modell zu übernehmen, zumal sie auch aufgrund der Kollektivierung der Landwirtschaft und des „Volkseigentums", sprich des Staatseigentums, an den meisten Betrieben auch andere Voraussetzungen hat. Die DDR und die RGW-Länder können sich in Kenntnis der Nachteile und Probleme der derzeitigen Sozialen Marktwirtschaft gleich für ein deutlich verbessertes Wirtschaftssystem, z. B. für das hier vorgeschlagene System der Öko-Sozialen Marktwirtschaft entscheiden.

Anders als die wirtschaftspolitischen Gründerväter der Bundesrepublik Deutschland, *Ludwig Erhard, Konrad Adenauer* und *Theodor Heuss,* das tun mußten, braucht die DDR nicht den Sprung in das damals noch kalte Wasser der Sozialen Markwirtschaft zu wagen. Inzwischen ist aufgrund der vierzigjährigen Erfahrungen das Wasser mehr als vorgewärmt!

Doch bevor sich die Verantwortlichen in der DDR zu einer wirtschaftspolitischen Entscheidung durchringen, sollten zunächst emotionslos sowohl die wirtschaftlichen und ökologischen Konstruktionsfehler und Defizite der sozialistisch-planwirtschaftlichen Ordnung, aber auch der Sozialen Marktwirtschaft dargestellt werden. Danach wird auch die Entscheidung bzw. die Abwägung leichter sein, ob ein – reformiertes – sozialistisch-planwirtschaftliches System z. B. in Form einer marktorientierten Planwirtschaft als ca. 25. Versuch für ein solches sozialistisches Wirtschaftssystem möglich und nützlich ist, und, falls ja, welche Vor- und Nachteile es gegenüber einer Sozialen oder einer Öko-Sozialen Marktwirtschaft haben könnte. Außerdem sollen im Kapitel IV. die Defizite der Sozialen gegenüber der Öko-Sozialen Marktwirtschaft und die Notwendigkeit des Übergangs zu dieser neuen, verbesserten Wirtschaftsordnung auch in den westlichen Staaten aufgezeigt werden.

IV. Konstruktionsfehler und Defizite der sozialistisch-planwirtschaftlichen Ordnung und der Sozialen Marktwirtschaft

A. Wirtschaftliche Konstruktionsfehler der sozialistisch-planwirtschaftlichen Ordnung – Modell DDR

Am sozialistisch-planwirtschaftlichen „Modell DDR" sollen im folgenden aus wirtschaftspolitischer Sicht die Konstruktionsfehler dieser Ordnung, die über 40 Jahre DDR zu einer mehr oder weniger stark ausgeprägten permanenten Mangelwirtschaft geführt haben, dargestellt werden. Nach der – Anfang 1990 – noch immer gültigen Verfassung der DDR, ist das Wirtschaftssystem in der DDR eine „sozialistische Planwirtschaft". Für dieses System ist die zentrale Planung ein ebenso unverzichtbares Grundelement sozialistischer Wirtschaft wie die „Vergesellschaftung der Produktionsmittel". Die Beurteilung dieses Wirtschaftssystems und die Abschätzung der Realisierungsmöglichkeit eines neuen Wirtschaftssystems, das in wesentlichen Teilen auf diesen Grundmaximen sozialistischer Wirtschaft aufbaut, muß also an diesen beiden zentralen Aspekten beginnen.

1. Die „Vergesellschaftung der Produktionsmittel" – fehlendes Privateigentum

Die in den Augen der Sozialisten wichtigste Errungenschaft der sozialistischen Wirtschaft – die Vergesellschaftung der Produktionsmittel – ist ökonomisch einer ihrer größten und prinzipiellen Nachteile.

Mit dieser Vergesellschaftung der Produktionsmittel, d. h. mit der Abschaffung bzw. dem Verbot von Privateigentum an größeren Betrieben, soll im sozialistischen Wirtschaftssystem die „Ausbeutung" der unselbständigen Arbeitnehmer durch die sie ausbeutenden Kapitalisten, den Unternehmern verhindert werden.

Diese Vergesellschaftung der Produktionsmittel ist durch die Überführung von ehemals in Privateigentum befindlichen Betrieben in „sozialistisches Eigentum" in Form von „volkseigenen Betrieben" und genossenschaftlichem Eigentum (Landwirtschaftliche Produktionsgenossenschaften, LPG, und Produktionsgenossenschaften des Handwerks, PGH) fast vollständig realisiert worden: Im Jahr 1983 wurden 96,6% des Nettoprodukts der DDR in Betrieben mit solchem „sozialistischen Eigentum"[11] erzeugt. Lediglich im Handwerk gibt es mit rund 81000 privaten Betrieben (mit knapp 260000 Beschäftigten) gegenüber 2733 „sozialistischen" Produktionsgenossenschaften des Handwerks mit rund 165000 Beschäftigten einen beachtenswertes – aber beschränktes – Privateigentum an Produktionsmitteln.[12]

An der marxistischen Grundauffassung der „Ausbeutung der Arbeitnehmer durch den Kapitalisten" ist zweifellos richtig, daß bei einem ungezügelten Kapitalismus, wie ihn *Marx* vor 150 (!) Jahren vor allem in England vorfand, in der Tat die unselbständigen Arbeitnehmer z.B. durch einen Arbeitstag von zwölf und mehr Stunden und durch Kinderarbeit radikal ausgebeutet wurden. Die Vergesellschaftung der Produktionsmittel als Maßnahme gegen diese Ausbeutung – beginnend mit der russischen Oktoberrevolution 1917 – war nur eine Möglichkeit, und wie sich nach 70 Jahren Sowjetunion und 40 Jahren sozialistisch-planwirtschaftliche RGW-Staaten in der Praxis gezeigt hat, eine wirtschaftlich und sozial besonders ineffektive Methode, um diese Ausbeutung zu verhindern. In den Sozialen Marktwirtschaften ist die Ausbeutung u.a. durch arbeits-, unternehmensverfassungs-, wettbewerbs- und steuerrechtliche Schritte, durch den Aufbau starker Arbeitnehmervertretungen, durch soziale Sicherungssysteme, durch Vermögensbildungsmaßnahmen usw. weitestgehend beseitigt worden, ohne daß das Privateigentum an Produktionsmitteln und damit ein entscheidender Antriebsmotor der Wirtschaft abgeschafft werden mußte. Die Marktwirtschaft kann sich deshalb – bei gleichzeitiger sozialer Absicherung – weiterhin des mit dem Privateigentum an Produktionsmitteln verbundenen Anreiz- und Antriebsmotivs, des Gewinn- und Erfolgstrebens der Unternehmer, mit großem Erfolg bedienen, während sozialistische Wirtschaftsordnungen zum Schaden ihrer Bevöl-

---

[11] Vgl. ebenda, S. 170.
[12] Vgl. ebenda, S. 101.

kerung darauf verzichten müssen. Das Gewinn- und Erfolgsstreben der Unternehmer in der Marktwirtschaft ist ein, wenn nicht sogar der entscheidende Motor der Wirtschaftstätigkeit: Der Unternehmer, der viele Produkte zu niederen Preisen am Markt anbieten kann, der neue und qualitativ bessere Produkte verkauft, der ein breiteres und tieferes Sortiment und einen besseren Kundendienst hat, wird am Markt Erfolg haben und wird seine Gewinne erhöhen. Zugleich sorgt er aber auch für ein Wachstum an Sachgütern und Dienstleistungen und damit für eine bessere Versorgung der Bevölkerung.

Das Gewinnmotiv wirkt auch – wenn auch nicht so unmittelbar – in Kapitalgesellschaften, an denen die Anteilseigner Aktien oder GmbH-Anteile besitzen können. Diese Anteilseigner – es können auch Arbeitnehmer der jeweiligen Unternehmen sein – werden an einem möglichst hohen Gewinn „ihres“ Unternehmens, an dem sie Anteile besitzen, interessiert sein. Die Geschäftsführung wird sich auf Dauer nur halten können, wenn sie durch ein entsprechendes unternehmerisches Verhalten diesen Erwartungen entspricht.

Zwar können auch Kombinatsleiter und Leiter anderer Betriebe in sozialistischem Eigentum durch Prämien oder andere Vergünstigungen zu einem möglichst starken unternehmerischen Verhalten „angereizt“ werden. Tatsächlich sind aber durch die anderen Bestimmungsgründe einer „sozialistischen Planwirtschaft“, insbesondere den Planvorgaben und den zentral festgelegten Preisen, die Spielräume für ein solches unternehmerisches und für die Volkswirtschaft außerordentlich positives Verhalten sehr stark eingeengt. Deshalb konnte keines dieser sozialistisch-planwirtschaftlichen Systeme, in welcher Ausprägung auch immer es von Kuba bis nach China angewandt wurde, längerfristig eine ähnliche starke Dynamik und Effizienz wie die auf Privateigentum aufbauenden marktwirtschaftlichen Ordnungen entwickeln!

2. *Ineffiziente zentrale Planung*

Die zentrale Planung ist das zweite Grundelement der „sozialistischen Planwirtschaft“ in der DDR wie in den übrigen RGW-Ländern.

In den Augen westlicher Beobachter ist es völlig unbegreifbar, wie in den sozialistischen Staaten je die Illusion aufkommen konnte, man könne – Beispiel DDR – auch nur annähernd genau die Bedürfnisse von 17 Millionen DDR-Bürgern und das mögliche Angebot von etwa einer halben Million DDR-Betrieben bei einem verbindlichen Artikelkatalog von ca. 82 Millionen Artikel zentral planen[13]: „Niemals und niemanden sind die Bedürfnisse aller Konsumenten und die Produktionsmöglichkeiten der Produzenten bekannt. Es ist deshalb prinzipiell unmöglich, in einer auf Konsumentensouveränität beruhenden Wirtschaft einen zentralen Plan aufzustellen, der allen individuellen Bedürfnissen Rechnung trägt und alle Produktionsmöglichkeiten ausschöpft."[14]

Da sich die Konsumentenwünsche nicht nach den wirtschaftsdiktatorisch geplanten und verordneten Gütermengen und -preisen richten, wird sich sehr oft – wie beim Trabbi – eine Übernachfrage bei gegebener Produktion und Preisen oder eine neue Unternachfrage – z.B. nach unmodischer Kleidung – ergeben. Außerdem ändern sich die Konsumentenwünsche in der Planungsperiode durch verschiedene Einflußfaktoren (Wetter, Mode, „westliche" Einflüsse usw.) relativ schnell. Deshalb ist es kein Wunder, daß die staatliche Planbürokratie in der DDR permanent eine mehr oder wenig starke Mangelwirtschaft „produziert" hat.

Diese Mängel machten sich nicht nur bei den Konsumenten bemerkbar, die nicht nur auf den Trabbi 14 Jahren warten mußten, sondern auch häufig im täglichen Leben: Bestimmte Artikel des täglichen Bedarfs waren nicht oder nur nach entsprechend langem „Schlangestehen" oder nur durch „Beziehungen" zu bekommen. Auch und gerade der Produktionsprozeß wurde durch das Fehlen von bestimmten (Ersatz-)Teilen, die immer wieder zu Produktionsstockungen führten, stark negativ beeinflußt, was wiederum die Gesamtleistung der Volkswirtschaft verminderte. Die sozialistischen Betriebe, vor allem die sozialistischen „Konzerne", d.h. die Kombinate,

---

[13] Vgl. *Thalheim, K.C.:* Planung und Leitung der Wirtschaft der DDR, in: *Bundesministerium* ..., a.a.O., S. 97.

[14] Vgl. *Neumann, M.:* Das Leitbild der Sozialen Marktwirtschaft, in: *Bundesministerium* ..., a.a.O., S. 47.

versuchten sich vor solchen planwirtschaftlichen Lieferstörungen unabhängig zu machen: Sie „bunkerten“ Rohstoffe und Vor- und Zwischenerzeugnisse oder bauten eigenständige Vorproduktionsstufen auf. Hierdurch wurden diese Vorprodukte einerseits verknappt und andererseits wesentlich kostenaufwendiger hergestellt, als wenn diese ein zentraler Spezialbetrieb oder wenn – wie in der Marktwirtschaft – mehrere miteinander konkurrierende Betriebe diese erstellt hätten. In der Praxis der zentralen Planung und Leitung zog also ein Planungs- und Leitungsfehler viele nachfolgende, die volkswirtschaftliche Leistung und damit die Versorgung der Bevölkerung mindernde Fehler nach sich.

Und da in vielen Bereichen die zentrale SED-Planung und Leitung daran glaubte, daß umso rationeller produziert werden könne, je stückzahlmäßig größer die Produktion sei (Argument der Kostendegression bei großer Produktion), folgte daraus, daß es in wichtigen Bereichen nur einen oder sehr wenige Hersteller gab, die bestimmte Produkte erstellten („Kombinats-Gigantismus“). Traten bei diesen dann Störungen in der Produktion auf, die die zentrale Plankommission nicht vorhergesehen hatte, verbreiteten sich diese Störungen in der gesamten Volkswirtschaft.

Während in der dezentralen und überwiegend vielgestalteten Sozialen Marktwirtschaft einzelbetriebliche Produktions- und Lieferstörungen, z.B. in einer Automobilfabrik, durch das freudige Einspringen von Marktkonkurrenten zumeist sehr schnell aufgefangen werden kann, ist dies in einer zentralisierten Planwirtschaft in nur sehr begrenztem Umfang möglich. In einer zentralen Planwirtschaft können Planungs-, Leitungs- und Ausführungsfehler sich dagegen zu zentralen, die gesamte Volkswirtschaft betreffenden Fehlern und Problemen ausweiten. In einer dezentralen Marktwirtschaft mit nicht nur einem, sondern vielen unternehmerischen Entscheidungsträgern können solche Fehler und Probleme im Regelfall schnell aufgefangen werden, weil es viele oder einige voneinander unabhängige Firmen gibt, und außerdem durch die Konvertibilität der Währungen die Möglichkeit der Beschaffung von Gütern aus dem Ausland sehr viel einfacher möglich ist.

Die „modernste Version“ der zentralen Planung der DDR-Wirtschaft läßt sich mit *Thalheim* wie folgt in Kurzform zusammenfassen: „Zur Planung und Abrechnung der Erzeugnisse und Leistungen wurde die Erzeugnis- und Leistungsnomenklatur mit etwa 100000 Positionen der Bereiche Industrie, Bauwirtschaft sowie Land- und Forstwirtschaft geschaffen. Ein seit 1977 verbindlicher zentraler Artikelkatalog enthält ca. 82 Millionen Artikel. Mit zahlreichen Kennziffern wird die Menge der zu produzierenden Güter festgelegt; zugleich soll die effektive Verwendung der hierzu notwendigen Produktionsfaktoren gewährleistet werden. Die augenblicklich gültige Planungsordnung für 1986 bis 1990 enthält 93 staatliche Plankennziffern mit 61 Untergliederungen. Hauptkennziffern für die Leistungsbewertung der Betriebe sind seit 1984: Nettoproduktion, Nettogewinn, Erzeugnisse und Leistungen für die Bevölkerung, Export; damit wurde die bis dahin gültige Hauptkennziffer „Industrielle Warenproduktion" abgelöst, die jedoch für die Planung nach wie vor bedeutsam ist."[15]

Auch wenn mit diesem Planungssystem von der früher versuchten Einzelplanung abgegangen worden ist und die Lenkung des Wirtschaftsgeschehens (größtenteils mit dem Ziel der Planerfüllung) in möglichst großem Umfang nicht durch administrative (direktive), sondern durch indirekte (parametrische) Methoden erfolgt: Noch immer wird mit speziellen oder generellen Anweisungen und durch zu viele Kennziffern, die unternehmerische Gestaltungsfreiheit der volkseigenen Betriebe so stark eingeengt,[16] daß die notwendige Flexibilität der zentral geplanten und geleiteten Wirtschaft nicht gegeben ist.

---

[15] *Thalheim, K.C.:* Planung und Leitung ..., a.a.O., S. 97. Zum System der sozialistischen Planwirtschaft vgl. insbesondere auch *Hamel, H.* (Hrsg.): Soziale Marktwirtschaft – Sozialistische Planwirtschaft, 5. Aufl., München 1989; *Cassel, D.* (Hrsg.): Wirtschaftspolitik im Systemvergleich, München 1984.

[16] Vgl. *Thalheim, K.C.:* Reformbedarf ..., a.a.O., S. 162.

3. Fehlender bzw. falsch wirkender Preismechanismus

Ein weiterer ganz entscheidender Konstruktionsfehler der sozialistisch-planwirtschaftlichen Ordnung liegt im fehlenden oder falsch wirkenden Preismechanismus.

Während zwar niemals eine zentrale Planbehörde alle individuellen Konsumentenwünsche in einer Volkswirtschaft kennen und damit auch planen kann, ist „jedes Individuum aber sehr wohl in der Lage, seine eigenen Bedürfnisse festzustellen und nach ihrer Dringlichkeit zu ordnen. Jeder einzelne Produzent verfügt über die Kenntnis seiner eigenen Produktionsmöglichkeiten und kann sie durch Innovationen erweitern. Die Vielfalt und die Komplexität des gesamten Wissens einer Volkswirtschaft, das an keiner Stelle zentral verfügbar ist, spiegelt sich in Marktpreisen wieder; denn die relative Höhe eines Preises und insbesondere die Änderung eines relativen Preises zeigt den Grad der Knappheit eines Gutes an. Das komplexe Verhältnis zwischen der Dringlichkeit des Bedarfs, wie er von den Konsumenten empfunden wird, und den Produktionsmöglichkeiten wird daher durch den Marktpreis in einer einzigen Größe quantifiziert."[17]

Auf dieses „geniale" Informationsinstrument „Marktpreise" der verschiedenen Güter verzichtet – widersinnigerweise – eine zentral geplante sozialistische Wirtschaft. Statt daß der Preis die relative Dringlichkeit des Bedarfs signalisieren kann und damit – bei Preissteigerungen – den Produzenten signalisieren kann, daß auf dem entsprechenden Markt durch Ausweitung des Angebots gute Gewinne winken (weshalb der Bedarf zu letztlich wieder sinkenden Preisen befriedigt werden wird), dienen die Preise in sozialistisch-planwirtschaftlichen Systemen der „Erfüllung staatlicher Planaufgaben und anderen gesellschaftlichen Zielvorstellungen, sind aber selbst Gegenstand staatlich-administrativen Handelns, da sie von Behörden festgesetzt oder aufgrund von gesetzlichen Regelungen (z.B. Kalkulationsrichtlinien) in den Kombinaten gebildet werden. Durch differenzierte Abgaben einerseits, Preisstützungen andererseits, entstehen unterschiedliche Preisebenen, besonders zwischen Produzentenpreisen („Betriebs-

---

[17] *Neumann, M.:* a.a.O., S. 47.

preis") und Verbraucher- bzw. Verwenderpreis („Industriepreis")."[18]

Auf diese Weise wird die Informationsfunktion der Preise über die relative Knappheit der Güter verzerrt und kann damit völlig falsche Anreize und Signale aussenden. Beispiele:

- Werden die Nahrungsmittelpreise durch umfangreiche staatliche Subventionen deutlich unter die landwirtschaftlichen Erzeugerpreise gesenkt, so signalisiert z.B. ein sehr niedriger Brotpreis dem Verbraucher: „Kaufe Brot und verfüttere es an das – privat gehaltene – Schwein. Das ist billiger als Futtergetreide." Die durch staatliche Vorgaben eingeleitete Fehlfunktion des Preises bewirkt also eine volkswirtschaftliche Verschwendung.
- So kommt es auch zur Verschwendung von Energie durch subventionierte und zu niedrige Energiepreise. Die Folge: Heizungsenergie und Warmwasser werden in den Mietwohnungen in erheblichen Umfang vergeudet. Das gleiche gilt für den viel zu niedrigen Strompreis: Wenn die Kilowattstunde acht Pfennig kostet, wird kaum ein DDR-Bewohner zur Strom-Sparsamkeit angeregt. Nicht zuletzt auch deshalb liegt der Primärenergieeinsatz in der DDR pro Kopf um 40% höher als in der Bundesrepublik Deutschland.
- Subventionierte und damit niedrige Mieten bzw. verordnet niedrige Mieten in Altbauwohnungen und -häusern (Mietpreisbindung auf extrem niedrigen Niveau), sind zwar zunächst für den Mieter eine erfreuliche Tatsache. Da aber die Mieteinnahmen für die Kosten der Instandsetzung nicht reichen (und weil das nicht „geplante" Baumaterial und die Baukapazität fehlt), verfällt wertvolle und erhaltenswerte Bausubstanz. Dafür muß teuerer und wegen zu niedriger Mieten im Grund „unrentabler" staatlicher Wohnungsbau betrieben werden.

Auch wenn mit diesen Preisstützungen und Preisvorgaben ein guter sozialer Zweck beabsichtigt ist, es ist der falsche Weg: In der DDR wie überall sollten nicht die Brötchen und die Energie und die Mieten subventioniert werden, sondern den wirklich Bedürftigen muß durch direkte Zahlungen und

---

[18] *Thalheim, K.C.:* Die Planung ..., a.a.O., S. 98.

Hilfen unmittelbar geholfen werden. Dies wird zum Beispiel in der Bundesrepublik Deutschland durch Wohngeldzahlungen bei zu hohen Mieten und niedrigem Einkommen praktiziert, und dieses System kann und sollte noch ausgebaut werden.

Außerdem kann der Preis in sozialistisch-planwirtschaftlichen Systemen seine außerordentlich wichtige Anreizfunktion nicht ausüben: Besteht ein sehr hoher Bedarf an Autos und kann dieser bei der gegenwärtigen Produktion nicht befriedigt werden, dann würde in einer marktwirtschaftlichen Ordnung der Preis der Autos kräftig ansteigen. Abgesehen von der Möglichkeit des Imports ausländischer Fahrzeuge bei hohen Preisen, würden diese gestiegenen Preise gleichzeitig den inländischen Automobilproduzenten anzeigen, daß durch Ausweitung der Produktion (hohe) Gewinne zu machen sind. Folge: Die Autoproduktion würde ausgeweitet und die Preise würden sinken in Abhängigkeit von der Nachfrage auf ein geringeres Niveau.

Statt diesen Marktkräften freien Raum zu geben und damit einen Ausgleich zwischen Angebot und Nachfrage relativ schnell herbeizuführen, wurde ein Rationierungssystem für Autos eingeführt, das zu Wartezeiten von vielen Jahren geführt hat. Auf dem Gebrauchtwagensektor konnte sich dann der Marktmechanismus – wenn auch inoffiziell – voll auswirken: Sofort erhältliche Gebrauchtwagen hatten oft einen höheren oder einen gleich hohen Marktpreis wie Neuwagen mit 14-jähriger Wartezeit. Welch ein undemokratisches, die freie Entscheidung der Millionen Menschen einschränkendes Wirtschaftssytem: Weil die SED und die von ihr gestellte Planbehörde glaubte, in ihrem zentralen Plan entscheiden zu dürfen, daß andere Einkommensverwendungen und vor allem der weitgehend mißglückte Versuch einer schnellen Ausweitung der Industrieproduktion durch Investitionen wichtiger seien als die Konsumentenwünsche ihrer Bevölkerung, mußte sich die Bevölkerung jahrelang mit einer Mangelwirtschaft zufrieden geben. Gleichzeitig wurden an anderer Stelle der Volkswirtschaft – bei Erfüllung der Plankennziffern – jede Menge unverkäufliche „Ladenhüter“ produziert und damit wertvolle volkswirtschaftliche Ressourcen verschleudert.

An dieser Stelle wird deutlich: Die Entscheidung für ein marktwirtschaftliches System mit einem funktionierenden Preismechanismus (bei Einbau sozialer Korrekturmechanismen!) ist zugleich eine Entscheidung für eine Wirtschaftsdemokratie, in der die freien Konsumentenentscheidungen angemessen berücksichtigt werden können.

Untrennbar mit einem funktionierenden Preismechanismus verbunden ist die Herstellung von Wettbewerb zwischen den Betrieben: Monopolartige Kombinate könnten die Preise unangemessen anheben und nur sehr zögerlich die Produktion ausweiten. Dies würde mit Sicherheit geschehen, wenn die Betriebe noch länger in ein mehr oder weniger starkes Planungs- und Leitungssystem eingebunden wären. Außerdem: Solange kein funktionierender Geld- und Kapitalmarkt dafür sorgt, daß die Schuldzinsen, die Unternehmen für Kredite aufzubringen haben, höher sind als eine eventuelle Preissteigerung bei den Gütern, würde es sich für die Unternehmen auszahlen, Waren zu horten und diese erst bei später höheren Preisen zu verkaufen. Daraus folgt: Eine Wirtschaftsreform, die „nur“ die Preise freigibt und nicht auch gleichzeitig für Konkurrenz und für ein funktionierendes Geld- und Kapitalwesen sorgt, wird nur begrenzte Erfolge haben.

4. Fehlender Wettbewerb und Innovationsschwäche

Ein weiterer gravierender Konstruktionsfehler des planwirtschaftlich-sozialistischen Systems liegt darin begründet, daß es aufgrund seiner „Konstruktionsmerkmale“ – möglichst alle Produktionsmittel in „Volkseigentum“ (sprich Staatseigentum) und Planung fast der gesamten Wirtschaftstätigkeit mit Vorgabe von Preisen, Produktionsmengen und -kennziffern – so gut wie keinen Wettbewerb gibt. Da außerdem in vielen Bereichen „Mangel“ produziert wird, d.h. die Nachfrage das Angebot übersteigt, besteht kaum ein Anreiz für die Unternehmen, über eine Mehrproduktion von billigeren, qualitativ besseren Gütern, durch besseren Service und Kundendienst mehr Käufer zu gewinnen und damit mehr Umsatz zu haben. Solange man auch mit „Ladenhütern“ seine Planvorgaben erfüllen kann, ist es für die Betriebe nicht sehr stimulierend, neue und bessere Produkte auf den Markt zu bringen.

Ein Unternehmen in der Sozialen Marktwirtschaft muß wegen zum Teil heftiger, erbitterter Konkurrenz um seine Marktfähigkeit, seinen Absatz, seine Gewinne kämpfen und muß letztlich um seine Existenz und damit um die Arbeitsplätze der Unternehmesleitung und der übrigen Mitarbeiter fürchten, wenn es sich nicht durch neue, innovative Produkte oder durch Kosten- und Preissenkungen seiner Produkte am Markt behaupten kann. In den sozialistisch-planwirtschaftlichen Systemen fehlt zum großen Teil der Wettbewerbsanreiz der höheren Gewinnerzielung und andererseits der große Wettbewerbs„knüppel" des Verlustes und des Bankrotts.

Zwar wird auch im Planungssystem der DDR mit Produktions- und Lohnfondsabgaben und weiteren „parametrischen" Kennziffern und Planvorgaben, versucht, einen möglichst effizienten Einsatz des Produktionskapitals und der Arbeitskräfte zu erreichen. Allerdings wirkt dies, nicht zuletzt auch wegen der sonstigen Schwächen des Planungssystems – nur in sehr begrenztem Maße in die gewünschte Richtung.

Der fehlende Wettbewerb sorgt deshalb für eine ausgesprochene Innovationsschwäche und für eine recht geringe Konkurrenzfähigkeit der sozialistischen Betriebe, was nicht zuletzt in der um 50% niedrigeren Arbeitsproduktivität der DDR-Wirtschaft im Vergleich zur Bundesrepublik Deutschland zum Ausdruck kommt.

Die planwirtschaftlich-sozialistischen Systeme haben auch im Vergleich zu eingeschränkten Wettbewerbsverhältnissen kein auch nur annähernd so effizientes leistungssteigerndes Instrument in ihrer Wirtschaft installieren können, wie es in Marktwirtschaften der Wettbewerb zwischen mehreren oder vielen Unternehmen, die gleiche oder ähnliche Produkte auf dem Markt anbieten, darstellt. Viele, viele Wirtschaftsreformversuche haben an dieser Misere nichts ändern können!

5. Fehlende internationale Konkurrenzfähigkeit

Die Wirtschaft der Bundesrepublik Deutschland muß sich aufgrund der internationalen Konvertibilität schon lange im internationalen Konkurrenzkampf behaupten und hat dies per saldo – die Außenhandelsüberschüsse sprechen eine deutliche Sprache – hervorragend getan. Außerdem kommt mit der

Vollendung des gemeinsamen Binnenmarktes in der Europäischen Gemeinschaft eine weitere Steigerung des internationalen Wettbewerbs auf die bundesdeutsche Wirtschaft zu, auf die sie sich durch Modernisierungs- und Rationalsierungsmaßnahmen und durch die Entwicklung und Einführung neuer bzw. verbesserter Produkte sehr intensiv vorbereitet.

Demgegenüber muß bei der DDR-Wirtschaft – allerdings noch stärker bei den Wirtschaften der anderen RGW-Staaten – aufgrund der genannten Konstruktionsfehler des planwirtschaftlich-sozialistischen Systems eine recht geringe internationale Konkurrenzfähigkeit in den meisten Industriebereichen festgestellt werden.

Die Folge ist, daß oft nur durch Lieferung von Grundstoffen oder – billige Arbeitskräfte ermöglichen das – durch Lieferung von auch im Westen arbeitsintensiv erzeugten Produkten (z. B. Textilien) Devisen erwirtschaftet werden können. Die fehlende Wettbewerbsfähigkeit auf dem internationalen Märkten bedeutet auch eine geringe Exportfähigkeit. Diese bewirkt wegen geringer Deviseneinnahmen zugleich eine geringe Importfähigkeit. Damit kann eine solche Wirtschaft auch nicht von den Vorteilen der internationalen Arbeitsteilung profitieren: Durch den Import von zum Teil kostengünstigeren japanischen oder US-amerikanischen Computern kann die bundesdeutsche Wirtschaft von den Rationalisierungsvorteilen dieser Technik profitieren, während Japaner und US-Amerikaner vom Import der z. T. besseren Maschinen, Chemikalien und Pharmaprodukten der bundesdeutschen Wirtschaft profitieren können.

Diese mangelnde Importfähigkeit der RGW-Länder bedeutet dann zwangsläufig, daß wertvolle volkswirtschaftliche Ressourcen in die Entwicklung von Techniken „gesteckt" werden müssen, bei denen die wichtigsten Weltmarktkonkurrenten schon mehrere Stufen voraus sind und kaum wieder eingeholt werden können (z. B. bei bestimmten Computern).

Könnte die DDR z. B. an der internationalen Arbeitsteilung teilnehmen, wären vermutlich die Investitionen in die Modernisierung und Effektivierung vieler „herkömmlicher" Branchen bei einem insgesamt deutlich niedrigeren Lohnniveau (und damit Arbeitskostenvorteilen) für die Gesamtentwicklung der DDR sehr viel sinn- und wirkungsvoller gewesen, als der heroische und äußerst kostenaufwendige Versuch, eine eigene konkurrenzfähige Computerindustrie aufzubauen.

6. *Zu geringe Leistungs- und Arbeitsmotivation*

Eng verbunden mit den skizzierten Konstruktionsfehlern und Defiziten der sozialistisch-planwirtschaftlichen Ordnung, insbesondere mit dem geringen bzw. nicht vorhandenen Wettbewerb, ist die zu geringe Leistungs- und Arbeitsmotivation.

Jahrelang war eine der wichtigsten Methoden zur Steigerung der Leistung die auf Erfüllung und Überfüllung der zentralen Pläne gerichteten Kampagnen, die vor allem von der SED und der „Werktätigen-Vertretung", dem Freien Deutschen Gewerkschaftsbund (FDGB), organisiert wurden. Das Ziel dieser Kampagnen und das der Produktionsverpflichtungen, z.B. zu den Jahrestagen der DDR, bestand darin, neben einmaligen Höchstleistungen eine Bewußtseinslage bei den Werktätigen zu erzeugen, die eine ständige Leistungssteigerung zur Selbstverständlichkeit werden läßt.[19] Dieser oft als „dröhnender Aktivismus" bezeichnete Motivationsversuch – genannt „sozialistischer Wettbewerb" – hatte, zumindest auf Dauer, nur bescheidenen Erfolg.

„Methoden ideeller Stimulierung bestehen in der Präsentation bewährter Mitarbeiter in den Medien, in der Verleihung von Wanderfahnen, Wimpeln und Ehrenbändern sowie der Auszeichnung mit Orden, Medaillen und Ehrentitel (z.B. „Held der Arbeit", „verdienter Meister", „Kollektiv der sozialistischen Arbeit")."[20]

Neben diesen ideellen Stimulierungsversuchen hat man auch in der DDR erkannt, daß die „materielle Interessiertheit" der Werktätigen die größten Chancen zur Leistungsmotivation bietet. Deshalb sind in der DDR-Wirtschaft relativ viele Formen der ökonomischen Stimulierung eingeführt worden:

Über ein System der Grundlöhne und der leistungsabhängigen Lohn- und Gehaltstarife sollte ein starker Leistungsanreiz geschaffen werden (so erbrachte z.B. eine zehnprozentige

---

[19] Vgl. *Beyer, A./Klein, W.:* Lenkung und Kontrolle der Wirtschaftsabläufe, in: *Bundesministerium* ..., a.a.O., S. 14.

[20] Ebenda, S. 142.

Normübererfüllung einen Mehrlohn von 10 Prozent des Grundlohnes). Die Jahresendprämie mit einem Höchstbetrag von 800 bzw. 850 Mark, die eigentlich als Leistungsanreiz für das Betriebskollektiv gedacht war, hat sich de facto zu einem 13. Monatsgehalt entwickelt und ist deshalb kaum noch leistungsstimulierend. Dennoch „verbraucht" diese Jahresendprämie etwa zwei Drittel der Prämienmittel des Betriebsprämienfonds. Außerdem werden noch die Einzelpersonen oder Arbeitskollektiven zustehenden Initiativprämien im Rahmen des „sozialistischen Wettbewerbs" gewähnt, die Zielprämien entsprechend aufgeschlüsselten Leistungskennziffern und Schwerpunktaufgaben sowie auftragsgebundene Prämien für die Erfüllung wissenschaftlich-technischer Vorhaben. Darüber hinaus wurde als weiteres Instrument zur materiellen Stimulierung der Leistungsfonds, primär für den kollektiven Leistungsanreiz, eingeführt.[21]

Trotz dieser vielfältigen Formen der Arbeits- und Leistungsmotivierung ist diese nur in geringem Maße gelungen. Die Gründe dafür dürften vor allem im folgenden zu suchen sein:

- In der DDR besteht in vielen Bereichen eine echte Mangelwirtschaft. Auch bei relativ gutem Einkommen und hohem Sparguthaben kann man sich bestimmte begehrte Dinge erst nach langer Wartezeit oder nach langem Schlangestehen, mit Beziehungen oder nur mit Westgeld kaufen. Bei dieser Ausgangslage sinkt die materielle Interessiertheit an weiteren Leistungsanreizen schnell.
- Die Mangelwirtschaft bewirkt auch, daß es persönlich lohnender ist, während der Arbeitszeit bestimmte gerade mal erhältliche Dinge zu erstehen, als die Planerfüllung im Auge zu haben.
- Wenn wegen Mängeln in der Materialversorgung oder wegen sonstiger Probleme in der Planwirtschaft oder wegen Reparaturen der stark überalterten Industrieanlagen – die Produktion ohnehin oft unterbrochen wird, dann wird der Leistungswille gelähmt.

---

[21] Ebenda, S. 143. Vgl. dazu auch *Knauff, R.:* Die Funktionsmechanismen der Wirtschaftssysteme, in: *Hamel, H.* (Hrsg.): a.a.O., S. 94

- Außerdem hat sicher auch das Gefühl, daß es sich unter den eingeschränkten materiellen und sonstigen Bedingungen der DDR (fehlende Reisefreiheit in den Westen und Versorgungsmängel bei bestimmten begehrten Gütern) auch ohne allzu große Anstrengungen, so leidlich leben ließ (auch im Vergleich zu den östlichen und südlichen Nachbarn), mit zu geringem Erfolg der Leistungsstimulierung und Arbeits-Motivationsversuche geführt.

Letztendlich ist festzustellen: Nur durch eine wesentlich stärker leistungsabhängige und stärker differenzierte Entlohnung (bei sozialen Hilfen für Leistungsschwache und Behinderte!) und bei gleichzeitiger wesentlich verbesserter Angebotssituation wird auf Dauer in der DDR die Leistungsmotivation auf das Niveau westlicher Industriestaaten steigen. Nur wenn der Einzelne echte und deutliche Vorteile durch höhere Leistung sieht, kann eine entsprechende Motivation erreicht werden.

7. Ein Zwischen-Fazit

Neben weiteren Schwächen und Konstruktionsfehlern des sozialistisch-planwirtschaftlichen Systems (z.B. dem ineffizienten Geld- und Kreditwesen), sind vor allem

- das Fehlen des Privateigentums an Produktionsmitteln,
- die Ineffizienz der zentralen Planung,
- der fehlende bzw. falsch wirkende Preismechanismus,
- der fehlende Wettbewerb und die daraus resultierende Innovationsschwäche,
- die damit verbundene geringe internationale Konkurrenzfähigkeit und die daraus resultierende nur beschränkte Teilnahme an den Vorteilen der internationalen Arbeitsteilung,
- die zu geringe Leistungs- und Arbeitsmotivation

die Hauptursachen für die im Vergleich zu marktwirtschaftlichen Systemen gravierende Ineffizienz dieses Systems. Darauf ist es auch zurückzuführen, daß 45 Jahre nach dem Krieg trotz gleicher Mentalität, gleicher Intelligenz mindestens eben so guter Ausbildung usw. zwischen den beiden Staaten in Deutschland ein gravierendes Gefälle im Lebensstandard der Bevölkerung besteht. Jeder Versuch, nur einen der oben genannten Grundkonstruktionsfehler des planwirtschaft-sozialistischen Systems in ein (sozialistisches) System des „dritten Weges“ hinüberzuretten, ist deshalb gleichzusetzen mit dem vorprogrammierten erneuten Scheitern eines weiteren sozialistischen Experiments! Diese Aussage bedeutet allerdings nicht, daß der stufenweise Umbau des derzeit vorhandenen Systems (z.B. stufenweise Überführung von „Volkseigentum“ in Arbeitnehmer- und sonstiges Kapitaleigner-Eigentum) abgelehnt wird. Aber die klare, unumkehrbare Zielsetzung eines solchen Umbaus des Wirtschaftssystems muß die Erreichung einer sozialen und umweltförderlichen Marktwirtschaft sein!

B. Ursachen der Umweltprobleme in sozialistisch-planwirtschaftlichen Ordnungen[22]

1. Prinzipiell hervorragende umweltpolitische Ansatzpunkte

Theoretisch kann man bei zentralwirtschaftlichen Systemen a priori davon ausgehen, daß die Wirtschaftslenkungszentrale einen vollständigen Zugriff sowohl auf die Produktion als auch auf den Konsum hat. Idealtypisch würde in einer Zentralverwaltungswirtschaft also die Lenkungszentrale alle Produktionsmengen und die anzuwendenden Produktionsverfahren festlegen und alle zu konsumierenden Güter auf Unternehmen, Staat und private Haushalte verteilen. Da sie außerdem die Möglichkeit hätte, die Produktionsstandorte im Rahmen des technisch-wirtschaftlich Möglichen nach übergeordneten, z.B. auch Umweltkriterien festzulegen, könnte – theoretisch – die Umweltgefährdung in zentralwirtschaftlichen Systemen minimiert werden.

Außerdem kann die Zentrale die Preise der Güter zentral fixieren. In den Preisen und damit in der für sie wichtigsten Basisgröße „gesellschaftlich notwendige Produktionskosten“ könnten auch die durch Produktion und Konsum der Güter entstehenden Umweltbelastungskosten mitberücksichtigt werden. Durch all diese Möglichkeiten hat die Zentrale prin-

[22] Zum Folgenden weitgehend wörtlich: *Wicke, L.:* Umweltökonomie, 2. Aufl., München 1989, S. 53ff.

zipiell hervorragende Instrumente zur Verfügung, Umweltprobleme zu bekämpfen oder gar nicht erst entstehen zu lassen.

Würde in der Realität diesen Vorstellungen vollkommen gefolgt, dürften in der Tat in den sozialistischen Ländern keine Umweltprobleme auftreten. Tatsächlich ist jedoch die Umweltverschmutzung in der UdSSR und in anderen sozialistischen Staaten nach vielen Berichten sehr stark.[23] Offensichtlich weicht die Wirklichkeit von den voranstehenden theoretischen Überlegungen über die Wirksamkeit einer Umweltpolitik in sozialistischen Staaten deutlich ab, und es ist im weiteren nach den Ursachen zu fragen.

Unterstellt man zunächst die vollkommene Planbarkeit aller Produktions- und Konsumprozesse durch die zentrale Planungsbehörde, so können die Umweltprobleme in diesen Staaten nur aus einer fehlenden bzw. zu geringen Berücksichtigung der Umweltkomponente im Planungsprozeß erklärt werden, was sich vermutlich vor allem auf folgende Ursachen zurückführen läßt:

2. Rein materielle ökonomische Zielsetzungen und Planvorgaben

Nach wie vor versuchen die Staatsführungen der zentralwirtschaftlich-sozialistischen Staaten die Überlegenheit ihres Wirtschaftssystems durch höhere Zuwachsraten des Bruttosozialprodukts zu beweisen. D.h., der Zuwachs an Sachgütern und Dienstleistungen wird als Maßstab für die Plazierung im Wettkampf der Wirtschaftssysteme genommen. In diesem Maßstab „Nationaleinkommen“ bzw. Bruttosozialprodukt werden Umweltverbesserungen oder Umweltverschlechterungen nicht bzw. nicht angemessen berücksichtigt. Wenn also das Wirtschaftswachstum in Form des Wachstums des Bruttoso-

---

[23] Vgl. insbesondere *Komarow, B.:* Das große Sterben am Baikalsee, Reinbek bei Hamburg 1979.

Ein hoher Sowjetfunktionär berichtet in diesem in den Westen geschmuggelten Buch als „Insider“ über die Umweltprobleme und deren Ursachen in der UdSSR. Dieses Buch beschreibt, wenn auch in differenzierter Form, die Umweltprobleme der UdSSR Ende der 70er Jahre in der Tendenz richtig.

zialprodukts als Maßstab für die gesellschaftliche Planerfüllung genommen wird, muß die Umweltkomponente weitgehend unberücksichtigt bleiben.

Prinzipiell wäre in der DDR mit dem Übergang vom extensiven Wachstum zur „intensiv erweiterten Reproduktion" in den kleinen Reformschritten der 80er Jahre die Berücksichtigung der Umwelt in der zentralen Planung möglich gewesen, was aber allenfalls in minimalem Umfang geschehen ist.

3. Mehr materieller Wohlstand auf Kosten der Umwelt

Unterstellt man dennoch, daß diese Staaten nicht mit den Zuwachsraten des Bruttosozialprodukts (in denen die Umweltkomponenten nicht berücksichtigt werden) die Überlegenheit des eigenen sozialistischen Systems gegenüber den kapitalistischen Systemen beweisen wollen, bleiben weitere Gründe für eine Unterbewertung der Umweltkomponente im Planungsprozeß.

Angesichts des nach wie vor starken Rückstandes in der materiellen Versorgung der Bevölkerung in diesen Staaten wird die Versuchung groß sein, auch auf Kosten der Umwelt mehr materiellen Wohlstand zu „erzeugen". Nichts mindert in den Augen der breiten Bevölkerung den Wert eines wirtschaftlich-politischen Systems so stark, wie ein großer materieller Rückstand gegenüber anderen Systemen und Staaten. Zu dieser Betrachtungsweise „passen" Äußerungen zweier Autoren aus der DDR aus dem Jahre 1971: „Jedes Vorpreschen der DDR, insbesondere bei der Lösung des Problems der natürlichen Umwelt ist unzweckmäßig, denn Aufwendungen hierfür sind – zunächst – immer eine ökonomische Belastung mit einer Verteuerung der Produktion und bei einseitigen Vorgehen mit einer verminderten Wettbewerbsfähigkeit auf den Weltmärkten verbunden, woraus sich letzten Endes eine Minderung der später verfügbaren Mittel ergibt."[24]

Zwar ist die Einsicht in die (dringende) Notwendigkeit verstärkten Umweltschutzes angesichts regionaler, sehr starker Gesundheitsprobleme (z.B. im Gebiet um Halle, Merseburg,

---

[24] *Grundmann, S./Stabenow, E.:* Beziehungen von Mensch und Umwelt, in: Wirtschaftswissenschaft, Band 19 (1979), S. 1783.

Leuna in der DDR, im oberschlesischen Industrierevier in Polen) und dramatatischen Waldsterbens (z. B. Riesengebirge, Erzgebirge in Polen, der CSSR und der DDR) auch in den sozialistischen Staaten sehr stark gestiegen. Dennoch verhindert die schlechte materielle Basis sehr oft noch wirksame Umweltschutzmaßnahmen. Und außerdem: Sofern eine durch weniger Umweltschutz „erkaufte" erhöhte Produktion tatsächlich der Bevölkerung zugute kommt, können die Interessen der Staatsführung und der Bevölkerung durchaus übereinstimmen, insbesondere des Teiles von ihr, der keine schlimmen Umweltbelastungen zu ertragen hat. Diejenigen sozialistischen Staaten, die gegenüber ihren anderen sozialistischen Partnerländern einen Rückstand haben, werden ganz besonders auf eine durch Umweltschutz nicht behinderte, hohe Produktionsleistung der Volkswirtschaft mit der Möglichkeit verbesserter Versorgung der Bevölkerung bedacht sein.

4. Zu geringe Effizienz des planwirtschaftlich-sozialistischen Systems

Als weitere gravierende Ursache für die fehlende bzw. mangelnde Berücksichtigung der Umweltkomponente im Planungsprozeß kann die bereits dargestellte geringe Effizienz des planwirtschaftlich-sozialistischen Systems genannt werden. In sozialistischen Staaten sind Marktpreise als ein – bei gegebener Einkommensverteilung – relativ verläßlicher Indikator der gesellschaftlichen Wertschätzung von Produkten nicht vorhanden. Nicht-Marktpreis-Hilfsmaßstäbe haben dabei weitgehend versagt (wie die von *Gorbatschow* eingeleitete Diskussion über ein verbessertes (sozialistisches) Wirtschaftssystem beweist). Deshalb bestehen in planwirtschaftlichen Systemen erhebliche Probleme bei der Lenkung der Produktion nach Effizienzkriterien.

Wie soll eine Zentrale bei Fehlen eines preisbestimmten Wertmaßstabes, der die verschiedenen Güter und Güterkategorien vernünftig zueinander in Beziehung setzt, die Produktion so lenken, daß der höchstmögliche gesellschaftliche Nutzenbeitrag bei gegebenen Produktionsfaktoren erzielt wird? Zwar ist der Marktpreis als Maßstab für die gesellschaftliche Wertschätzung von bestimmten Produkten bei gegebener

Einkommens- und Vermögensverteilung und gegebenen Produktmengen mit Recht ein angreifbarer Wertmaßstab, insbesondere bei Berücksichtigung der Umwelt- und Verteilungsproblematik. Dennoch läßt sich auf seiner Basis die gesellschaftliche Produktion wesentlich besser in die bestmögliche Verwendung steuern, als mit Hilfe von Wertmaßstäben, die mehr oder weniger willkürlich in einer Zentrale festgelegt werden müssen. Diese kann nur sehr vage Vorstellungen über die tatsächlichen Angebots- und Nachfrageverhältnisse haben. Dies liegt insbesondere an der menschlichen Natur (Nachfrageschwankungen) und Produktionsunwägbarkeiten (z.B. wetterbedingte Ernteausfälle) und weiteren Aspekten im Zeitablauf. Aus diesem Grunde werden in der Regel in planwirtschaftlichen Systemen mehr Produktionsfaktoren in vergleichsweise minderwertige bzw. falsche Verwendungen gelenkt und damit zugleich verstärkt Abfälle und Emissionen „produziert" (geringe ökonomische Effizienz bedeutet oft zugleich geringe ökologische Effizienz).

Die eben genannten Gründe in den Unterabschnitten 2. bis 4. weisen darauf hin, daß aus Gründen der materiellen Rückständigkeit planwirtschaftlich-sozialistische Staaten, auch wegen der mit den Lenkungsproblemen verbundenen Effizienzmängel, häufig geneigt sein werden, höheren materiellen Wohlstand durch ein Weniger an Umweltqualität zu erkaufen und deshalb die Umweltkomponente bei ihren Planungen nicht angemessen zu berücksichtigen.

5. Umweltschutz behindert Planerfüllung

Aber selbst wenn der Wille zur angemessenen Berücksichtigung der Umweltkomponente vorhanden wäre, kann und könnte er in existierenden planwirtschaftlichen Systemen aus folgenden Gründen nicht voll realisiert werden:

Da der Gewinn als Maßstab des Betriebserfolges in sozialistischen Staaten nicht oder nur im begrenztem Umfang anwendbar ist, muß die Erreichung von sogenannten Planzielen in Form verschiedener Kennziffern ersatzweise herangezogen werden. Der Erfolg oder Mißerfolg der Betriebsleitung wird dann an der Erfüllung dieser Plankennziffern gemessen. Etwaige Produktionsausfälle, beispielsweise durch verstärkte

Umweltschutzanstrengungen (z.B. Einbau eines Filters mit Stillstandszeit des Betriebes) oder durch eine Reduzierung der geplanten Produktionsmenge infolge umweltfreundlicherer, aber arbeitsaufwendigerer Produktionsverfahren hervorgerufen, könnten die Planerfüllung und damit das Ansehen der Betriebsleitung gefährden.

6. Anreize wirken in die falsche Richtung

In diesem Zusammenhang sind die Interessen der Belegschaft eng verbunden mit den betrieblichen Zielen der Planerfüllung.

Eine nicht ausreichende Planerfüllung zieht automatisch eine Reduzierung der Zuwendungen an sog. Prämien und sonstigen mehr oder weniger sozial wirkenden Fonds nach sich. Dadurch würde sich der niedrige materielle Standard noch weiter verringern, und sonstige Vergünstigungen – z.B. jährliche Urlaubsmöglichkeiten – wären nicht in dem gewünschten Umfang verfügbar. Von daher besteht auch bei den Arbeitnehmern eher der Wunsch nach Planerfüllung und damit nach entsprechender – wenn auch geringer – materieller Belohnung als nach Umweltschutzmaßnahmen, vor allem, weil diese primär der Allgemeinheit und nur zum wesentlich geringeren Teil den einzelnen betrieblichen Arbeitnehmern zugute kommen.

Daraus folgt: Selbst wenn also die Zentrale eine umweltbezogene Steuerung im Produktions- und Konsumprozeß vornehmen möchte, wird sie – was angesichts des geringen materiellen Versorgungsniveaus verständlich ist – bei den Betriebsangehörigen nur eine geringe Neigung zur Erfüllung der vorgegebenen Umweltnormen vorfinden. Das Motiv der Einkommens- und Nutzenmaximierung – hier stellvertretend die Planerfüllung – ist also auch in den existierenden planwirtschaftlich-sozialistischen Staaten gegenüber umweltbezogenen Beweggründen weit dominierend.

7. Fehlende freie Wahlen und fehlende freie Presse und ihre Umweltfolgen

Außerdem konnte sich in den sozialistischen Staaten in ihrer Prägung bis zum Jahr 1989 aufgrund der mangelnden Demokratisierung selbst bei gravierenden Umweltproblemfällen der Unwille viel weniger als in demokratischen Staaten artikulieren. Die Bevölkerung konnte ihre Meinung nicht in Wahlen zum Ausdruck bringen. Presse und sonstige relevante Institutionen konnten in nur geringem (seit *Gorbatschows* Amtsantritt aber in steigendem) Maße auf Umweltprobleme angesichts der dominierenden materiell-wirtschaftlichen, nicht umweltbezogenen Zielvorstellungen hinweisen.

Damit waren die in den demokratischen Staaten entscheidenden Motoren für eine deutlich verbesserte Umweltpolitik weitestgehend lahmgelegt: die Möglichkeit der Wahl besonders umweltengagierter Parteien mit der Folge, daß die etablierten Parteien die Umweltschutzaspekte in ihrer Politik wesentlich wichtiger nehmen müssen und die Aufklärungsarbeit der Presse über Umweltprobleme und ihre Lösungsmöglichkeiten bzw. ihre Nicht-Lösung durch Staat und Wirtschaft.

Zusammengefaßt bedeuten die vorstehenden Ausführungen also: Auch wenn auf den ersten Blick die Chancen für die Bewältigung der Umweltprobleme in planwirtschaftlichen Systemen hervorragend sind, so gibt es doch in der wirtschaftlichen und gesellschaftlichen Realität dieser Systeme sehr viele Gründe, die eine mangelnde Berücksichtigung der Umwelt in der realen (Umwelt- und Wirtschafts-)Politik erkennen lassen.

C. Ursachen der Umweltprobleme in der Sozialen Marktwirtschaft[25]

1. Umweltbeeinträchtigendes Gewinn- und Eigennutzstreben von Unternehmern und Konsumenten

Die naheliegende Ursache für die Umweltprobleme in marktwirtschaftlichen Systemen ist das Streben der einzelnen Wirtschaftssubjekte nach Nutzenmaximierung. Insbesondere das Streben nach Gewinnmaximierung der Unternehmen wird als Hauptursache der Umweltprobleme in marktwirtschaftlichen Systemen angesehen: Jeder Unternehmer wird versuchen, bei angenommen festem Absatzpreis, seinen Gewinn dadurch zu erhöhen, daß er seine Kosten vermindert. Eine der Möglichkeiten der Kostenminimierung liegt darin begründet, die Umwelt als kostenloses oder billiges Aufnahmemedium für im Produktionsprozeß anfallende Kuppel„produkte" (Abfall, Abwärme, Abgase, Lärm usw.) zu benutzen.

Auf diese Weise entstehen die externen Kosten, die dem Unternehmer nicht oder in nicht ausreichendem Maße angelastet, aber der Gesellschaft als Ganzes aufgebürdet werden. Selbst wenn der Unternehmer aus moralischen Gründen diese Umweltbelastung vermeiden möchte, wird er bei scharfem Wettbewerb durch die Konkurrenz mit anderen, sich umweltfreundlich verhaltenden Unternehmern, mehr oder weniger zu einem ebenfalls umweltschädlichen Verhalten „gezwungen" sein.

Ein ähnliches Verhalten werden auch die Konsumenten in marktwirtschaftlichen Systemen an den Tag legen, weil sie ihren Nutzen maximieren wollen: Durch das wilde Ablagern von Abfällen vermeidet man höhere Abfallbeseitigungskosten, durch das Verwenden von lauten Kraftfahrzeugen vermeidet man höhere Aufwendungen für teurere umweltfreundlichere Kraftfahrzeuge, die zunehmende Verwendung von Einwegbehältern bei Massengetränken ist für viele oft bequemer als die Verwendung von Mehrwegfla-

---

[25] Vgl. zum Folgenden weitgehend wörtlich: *Wicke, L.:* Umweltökonomie, a. a. O., S. 48ff.

schen. Das eigene umweltbeeinträchtigende Verhalten belastet den Einzelnen dabei nicht bzw. relativ gering.

Tatsächlich wird in der derzeit existierenden Sozialen Marktwirtschaft dieses materielle und sonstige Eigeninteresse, das in Richtung Umweltbelastung und -zerstörung wirkt, nicht oder zu wenig in Richtung Umweltentlastung und -verbesserung gelenkt (siehe Abschnitt V.B.4). Das heißt, die Fehllenkung des Eigeninteresses – gegen und nicht für den Umweltschutz nach dem Motto „wer sich vor Umweltschutz drückt, gewinnt oder hat sonstige persönlichen Vorteile", muß als Hauptgrund der Umweltbelastung in der Sozialen Marktwirtschaft in ihrer derzeitigen Prägung angesehen werden.

2. *Gute Eingriffs- und Lenkungsmöglichkeiten in der (Öko-)Sozialen Marktwirtschaft*

Zur Bedeutung dieser Feststellungen für den Umweltschutz in der Realität ist zu sagen: Es wird hierbei unterstellt, daß der Staat in einer völlig freien Marktwirtschaft unter Umweltgesichtspunkten überhaupt nicht in das Wirtschaftsgeschehen eingreift und nur sonstige für den Wirtschaftsverkehr wichtige Regelungen erläßt („Nachtwächterstaat").

Tatsächlich ist aber in keinem marktwirtschaftlichen System eine solche Beschränkung des Staates zu beobachten. In allen marktwirtschaftlich organisierten Staaten greift der Staat mehr oder weniger stark auch aus Umweltschutzgründen in den Wirtschaftsablauf ein. Insbesondere dann, wenn es sich bei dem Wirtschaftssystem um eine „Soziale Marktwirtschaft„ handelt, bei dem auf beide Komponenten „sozial" und „marktwirtschaftlich" gleichermaßen Wert gelegt wird, muß der Staat zur Vermeidung von Umweltbelastungen, die die benachteiligten Schichten besonders treffen, auch umweltschützend eingreifen.

Die Gründe dafür liegen im folgenden:

- Aus rein ökonomischen Erwägungen heraus ist es sinnvoll, die Umwelt nicht zu stark zu belasten, damit die Produktionskosten in der Gesamtwirtschaft nicht zu stark steigen. Beispiel: Nehmen wir an, ein Fluß- oder Seengebiet wurde durch hochgiftige Abwasser so stark verseucht, daß daraus eine Trinkwassergewinnung nicht mehr möglich ist und deshalb mit hohen Kosten auf andere Trinkwassergewinnungsarten übergegangen werden muß. In einem solchen Fall ist es auch aus reinem Gewinn- und Produktionsstreben sinnvoll, mit vergleichsweise kostengünstigen Verfahren die Trinkwassergefährdung zu vermeiden. D.h., auch ein reiner „Nachtwächterstaat" wird aus den genannten Gründen umweltbezogene „Nachtwächterfunktionen" übernehmen.

- Aber selbst dann, wenn der Staat in diesem Falle nicht umweltschützend eingreift, kann sich auch in einem rein marktwirtschaftlich orientierten System Umweltschutz aus marktwirtschaftlichen Erwägungen heraus selbst ergeben: In dem geschilderten Fall der Trinkwasserverseuchung werden ggf. die Wassergewinnungswerke im Auftrag ihrer Wasserabnehmer versuchen, den umweltgefährdenden Unternehmen Zahlungen anzubieten, die sie zur Verminderung oder Vermeidung ihrer Trinkwassergefährdung veranlassen. Die Wasserwerke würden hohe Kosten zur anderweitigen Wasserbeschaffung bzw. -aufbereitung vermeiden, die umweltverschmutzenden Unternehmen würden gegebenenfalls mehr Kompensationszahlungen erhalten als sie für die Beseitigung der Trinkwassergefährdung aufzuwenden hätten.
- Der Staat in einem marktwirtschaftlich organisierten Wirtschaftssystem kann sich darüber hinaus bei der Durchsetzung von umweltpolitischen Rahmendaten des Marktmechanismuses bedienen (vgl. dazu ausführlich Kapitel V). Werden in einem Gebiet die maximal mögliche Emissionsmengen eines Schadstoffes festgelegt und in diesem Umfang Umweltlizenzen erteilt bzw. verkauft, so werden die einzelnen Emittenten entsprechend ihrer jeweiligen Nutzen-Kosten-Kalkulation durch Kauf oder Verkauf dieser Umweltlizenzen die Umwelt mehr oder weniger verschmutzen. Die Gesamtverschmutzung bleibt aber innerhalb des politisch vorgegebenen Rahmens. Ein ähnlich (weitgehend) marktwirtschafts-konformes umweltpolitisches Instrument sind Umweltabgaben, speziell auf Emissionen, mit denen die einzelnen Umweltverschmutzer angeregt werden, ihre Umweltverschmutzung so weit zu reduzieren, wie es für sie kosten-

günstiger ist, durch Reinigen bzw. auf andere Art und Weise Umweltverschmutzung zu vermeiden. Der Staat bedient sich auf diese Weise des Gewinnstrebens, um die Umweltverschmutzung auf ein politisch beabsichtigtes Maß herabzudrücken.

- Je mehr es aus den genannten drei Gründen zu Umweltverbesserungen innerhalb einer marktwirtschaftlichen Wirtschaftsordnung kommen wird, um so bedeutender wird die sog. Umweltschutzindustrie werden. Diese Industrie will Vermeidungstechnologien, z.B. Abfall- oder Abwasserbehandlungsanlagen, entwickeln und verkaufen. Sie ist damit der immer stärker werdende Teil der Industrie, der vom Umweltschutz profitiert. Von daher werden keineswegs alle Unternehmen aus Gewinnmaximierungsinteresse eine immer stärker werdende Umweltverschmutzung infolge einer „laschen" Umweltpolitik befürworten, denn die Umweltschutzindustrie profitiert von durchzuführenden Umweltschutzmaßnahmen. Außerdem steht ein Großteil der Unternehmen, soweit sie nicht oder nur minimal umweltverschmutzend sind, der Umweltschutzpolitik mehr oder weniger neutral gegenüber. Die Anzahl derjenigen Unternehmen, die durch verstärkten Umweltschutz Nachteile gegenüber denjenigen haben, die vom verstärkten Umweltschutz profitieren, wird deshalb in der Praxis marktwirtschaftlich organisierten Staaten bei weitem nicht so dominierend sein, wie dies nach ersten theoretischen Überlegungen innerhalb einer solchen marktwirtschaftlichen Ordnung erscheinen kann.
- Umweltschutz kann sich darüber hinaus – entgegen der ersten Vermutung – durchaus innerhalb der betroffenen Industrie „rentieren": So können – wie bereits erwähnt – beispielsweise bei der Vermeidung von hochgiftigen Abwässern und Abfällen in der Galvanotechnik durch geschlossene Wasserkreisläufe erhebliche Wasser-, Energie- und Rohstoffeinsparungen (Metallsalze) und damit betriebliche Kostensenkungen ebenso eintreten wie durch die Wirbelschichtfeuerung mit stark schwefelhaltigem billigen Brennstoff bei gleichzeitiger Zugabe von gebranntem Kalk, wodurch die Schwefeldioxidemissionen stark vermindert werden.

Diese Erkenntnisse von äußerst kostengünstigen Vermeidungstechnologien sind häufig erst durch den Anstoß einer konsequenten Umweltpolitik in marktwirtschaftlichen Systemen gewonnen worden. In diesen Fällen muß keineswegs das Ziel der Gewinnmaximierung mit dem Ziel des Umweltschutzes in Widerstreit stehen. Die gilt auch dann, wenn sich bei einer umweltbewußter gewordenen Bevölkerung Präferenzen für umweltfreundliche Güter herausstellen. Daraus können ggf. umweltschutzbedingte Mehrkosten durch erhöhte Preise und/oder erhöhte Absatzmengen überkompensiert werden.[26]

- Außerdem haben sich marktwirtschaftliche Systeme im allgemeinen als sehr effizient erwiesen. D.h., es wird eine bestimmte Gütermenge mit einem relativ geringen Produktionsfaktoreinsatz (Arbeitskraft, Kapital, Boden) hergestellt. Auf diese Weise wird mit einem gegebenen Bestand an Produktionsfaktoren eine relativ große Gütermenge produziert. Eine solch ökonomische Effizienz bedeutet einerseits zumeist – wegen geringer Material- und Energieverluste – auch eine realtiv hohe ökologische Effizienz. Außerdem schafft die aufgrund des außerordentlich starken Antriebsmomentes „Einkommensmaximierung" in der Marktwirtschaft hervorgerufene hohe ökonomische Effzienz normalerweise damit Voraussetzungen für einen hohen materiellen Lebensstandard.
  Je höher der materielle Lebensstandard aber ist, um so höher ist die Wahrscheinlichkeit, daß die Bevölkerung auf die eher immateriellen Umweltgüter starken Wert legt. Von daher besteht eine große Tendenz insbesondere innerhalb einer demokratischen Gesellschaftsordnung mit marktwirtschaflichen Elementen, daß entweder die Regierungs- oder die Oppositionsparteien oder beide Gruppierungen aus reinem „Stimmenmaximierungsinteresse" verstärkt Umweltschutz propagieren und fordern (gegebenenfalls auch tatsächlich Umweltschutz entsprechend den Ankündigungen auf wirksame Weise durchsetzen).

---

[26] Vgl. dazu die zahlreichen Beispiele in: *Pieroth, E./Wicke, L.* (Hrsg.): Chancen der Betriebe durch Umweltschutz, Freiburg i. Brsg. 1988.

- Da in der Realität marktwirtschaftliche Wirtschaftssysteme zumeist mit demokratischen Staatsformen verbunden sind, und innerhalb dieser Staatsform die Pressefreiheit eine wesentliche Rolle spielt, wird auch von daher ein Druck auf Regierung und Opposition bestehen, zumindest die schlimmsten umweltbezogenen Auswüchse zu vermeiden. Dadurch, daß die Presse über Umweltgefährdungen und -skandale informiert, werden die Bürger zusätzlich zu ihrem immer größer werdenden Umweltinteresse (u.a. aufgrund ihres steigenden materiellen Lebensstandards) für Umweltprobleme sensibilisiert, und ihre Forderungen nach stärkeren Umweltschutzmaßnahmen, die immer weitere Kreise erfassen wird, werden immer deutlicher artikuliert.

Zusammengefaßt: Entgegen der ersten, sehr plausibel erscheinenden Überlegung über die Umweltgefährdung durch das Gewinninteresse in einer sozialen marktwirtschaftlichen Wirtschaftsordnung sind in der politisch-wirtschaftlichen Realität durchaus Kräfte vorhanden, die besonders hohe Umweltgefährdungen vermeiden helfen. Allerdings müssen die marktwirtschaftsimmanenten Antriebe zum erhöhten Umweltschutz durch politische Antriebe (Presse, Aktionen von Umweltschutzverbänden, Wählerwillen, Parteiaktionen) ergänzt und verstärkt werden. Trotz der oben aufgeführten Gründe wäre alleiniges Vertrauen auf marktwirtschaftsimmanente umweltbezogene Selbstheilungskräfte utopisch, weil die Umweltverschmutzung erst einen sehr hohen Grad erreichen müßte, bevor die Umwelt allein marktwirtschaftlich ausreichend vor zusätzlicher Umweltverschmutzung geschützt würde. Ohne eine konsequente – möglichst marktwirtschaftskonforme – staatliche Umweltpolitik dürfte innerhalb einer marktwirtschaftlich-demokratischen Ordnung der Umweltgefährdung kaum umfassend genug entgegengetreten werden können. Angesichts des hohen materiellen Lebensstandards und einer inzwischen relativ starken Umweltsensibilisierung breiter Bevölkerungskreise mit entsprechendem Druck auf die Regierenden sind die Chancen für eine solche Politik in vielen westlichen Staaten keineswegs schlecht.

D. Die monetären Umweltschäden in West und Ost

Auch wenn die Chancen des Umweltschutzes in der Sozialen Marktwirtschaft recht günstig beurteilt werden – bis zum Jahr 1990 sind bei weitem nicht alle Chancen realisiert und alle Umweltschutzmöglichkeiten ergriffen worden. Das zeigen auch die im übernächsten Unterabschnitt 2 dargestellten Umweltschäden in der Bundesrepublik Deutschland – ausgedrückt in DM und in Prozent des Bruttosozialprodukts. Und es läßt sich auch nachweisen – dies geschieht in Unterabschnitt 4 dieses Kapitels –, daß bei einem hohen Ausgangsniveau der Umweltbelastung und wirkungsvollen Umweltschutzmaßnahmen der Nutzen dieser Maßnahmen (in Form von ersparten Umweltschäden) sehr viel höher ist als die Kosten, die dafür aufgewendet werden müssen.

1. Umweltschäden lassen sich in Geld ausdrücken

Diese Berechnungen sind möglich geworden durch eine Forschungsrichtung, die sich „Monetarisierung von Umweltschäden bzw. des Nutzens von Umweltverbesserungen" nennt.[27] Auf Basis der Ergebnisse eines vom Umweltbundesamt in Berlin großangelegten Forschungsprojektschwerpunktes unter dem Titel „Kosten der Umweltverschmutzung/Nutzen des Umweltschutzes" und mit ergänzenden Berechnungen und Schätzungen konnte aufgezeigt werden daß es heute

- ausreichend verläßliche Berechnungsmethoden zur Ermittlung des monetären Wertes der Umweltschäden gibt, und daß
- sogar die Aufstellung einer „Ökologischen Schadensbilanz" der Bundesrepublik Deutschland möglich ist.

Wenn Marktpreise existieren, dann braucht man nur die Menge des durch die Umweltverschmutzung beeinträchtigten oder verlorengegangenen Gutes mit dem jeweiligen Preis zu multiplizieren.

- So wurde von den deutschen Waldschadensforschern vorhergesagt, daß wegen des Waldsterbens infolge der Luftver-

---

[27] Die Methoden dieser Berechnungen und die damit verbundenen Probleme sind ausführlich dargestellt in: *Wicke, L.:* Umweltökonomie, a. a. O., S. 59–99.

schmutzung um das Jahr 2035 nur noch die Hälfte des derzeitigen Fichtenholzvolumens auf dem Stamm stehen wird. Die forstwirtschaftlichen Ertragsausfälle, die daraus entstehen, lassen sich dann ganz einfach ermitteln, indem man den verlorenen Holzertrag in Festmetern mit dem unterstellten Preis pro Festmeter multipliziert. Für die Bundesrepublik Deutschland ergibt sich so ein forstwirtschaftlicher Verlust von 1 Milliarde Mark pro Jahr.

- Ähnlich einfach ist es, zu bestimmen, wieviel wir aufwenden müssen, um aus unseren verschmutzten Flüssen einwandfreies Trinkwasser zu gewinnen. Es wurde festgestellt, daß die Kosten für die Trinkwasseraufbereitung seit 1950 von einem Pfennig pro Kubikmeter auf 26 Pfennig pro Kubikmeter angestiegen sind. Für die Bundesrepublik schlägt dies insgesamt mit ca. 6 Milliarden Mark pro Jahr zu Buche.

Schwieriger und umstrittener ist die Sache, wenn zum Beispiel – ohne das Vorhandensein von Marktpreisen – die Werte für Ruhe oder für eine saubere Luft geschätzt werden müssen, die ja zugleich die Schäden durch Lärm bzw. durch die Luftverschmutzung darstellen. Möglich ist dies auf dem Wege der statistischen Analyse oder die Befragung der Betroffenen zu. Dazu zwei Beispiele:

- Forscher in der Schweiz haben mit Hilfe sehr ausgeklügelter statistischer Methoden und ausgefeilter Computerprogramme den Einfluß des Lärms auf den Mietzins beziehungsweise den Wert von Häusern aus insgesamt 70 Merkmalen „herausgefiltert“, die den Wert einer Wohnung bestimmen. Als Ergebnis dieser Untersuchung stellte sich heraus, daß unter sonst gleichen Bedingungen eine Wohnung an einer sehr lauten Straße nur halb soviel wert ist wie die gleiche Wohnung in einer sehr ruhigen Wohngegend. Nachdem durch die genannte Baseler Untersuchung der prozentuale Mietwertverlust von Häusern in lauter Umgebung bekannt ist, und man außerdem weiß, wieviele Wohnungen in der Bundesrepublik Deutschland welchem Straßenverkehrslärm ausgesetzt sind, läßt sich der lärmbedingte Schaden für die Bundesrepublik mit über 29 Milliarden Mark pro Jahr angeben. Hier braucht man also im Prinzip lediglich den lärmbedingten Wohnwertverlust mit der Zahl der betroffenen Wohnungen zu multiplizieren, und man erhält die genannten 29 Milliarden Mark an Lärmschäden.

- Der Wert sauberer Luft bzw. umgekehrt der Schaden durch die verschmutzte Luft in der Bundesrepublik wurde in einer bahnbrechenden Untersuchung von Dr. *Werner Schulz*, jetzt Mitarbeiter am Umweltbundesamt in Berlin, an der Technischen Universität Berlin ermittelt. Er hat 4500 Berliner gefragt, was sie von sich aus auszugeben bereit wären, wenn die leider gar nicht mehr gute Berliner Luft auf „Großstadt"-, „Kleinstadt"- bzw. „Ferienluftverhältnisse" verbessert würde. Wider Erwarten spielt das Einkommen der Befragten eine sehr untergeordnete Rolle für die Zahlungsbereitschaft. Es stellt sich heraus, daß vor allem zwei Faktoren entscheidend sind: der Stand des Wissens über die Gefährlichkeit der Luftverschmutzung und insbesondere das Alter der Befragten.

  So wäre „Ferienluft" den 18- bis 29jährigen Berlinern im Durchschnitt 134 DM pro Monat wert, während über 70jährige Berliner dafür nur 40 DM zahlen wollten. Deshalb kann man mit sehr großer statistischer Sicherheit aus dem Alter auf die Zahlungsbereitschaft der Befragten schließen. Und deshalb ist es auch möglich, daraus insgesamt hochzurechnen, wieviel der westdeutschen Bevölkerung saubere „Ferienluft" wert wäre.

  Ergebnis: Der Wert sauberer Luft oder der Schaden durch die verdreckte Luft betrug hierzulande im Jahr 1984 ca. 48 Milliarden DM.

Ohne auf die Einzelheiten hier eingehen zu können, kann als sicher angesehen werden, daß Dr. *Schulz* alles wissenschaftlich Mögliche getan hat, um sicherzugehen, daß die Befragten auch das angaben, was ihnen eine bessere Luft tatsächlich wert ist.

So versetzte *Schulz* u.a. befragt Kontrollgruppen-Personen in eine sogenannte „Zahlungsangst": Ihnen wurde suggeriert, sie müßten tatsächlich den Betrag für die Verbesserung der Berliner Luft ausgeben, den sie aus den verschiedenen DM-Betragsgruppen angestrichen haben. Andere wurden in die sogenannte „Trittbrettfahrer-Situation" versetzt: Ihnen wurde suggeriert, nur die Industrie hätte die vom Befragten ausgewählten DM-Werte zur Luftverbesserung zu zahlen. Das Ergebnis war eindeutig: Die Abweichungen der Angaben der Kontrollgruppen-Befragten zu den „normal“ Befragten war so gering, daß man mit relativ großer Sicherheit davon ausgehen kann, daß die Angaben den wahren Präferenzen der Bürger entsprechen. Aber selbst wenn einige Befragte zum Teil zu hohe Zahlen genannt haben sollten, so sind die 48 Milliarden DM eher die Untergrenze dessen, was die Bevölkerung einer wesentlich besseren Luft an Wert beimißt. Die Fragestellung lautete nämlich: „Was wärt Ihr für eine wesentlich bessere Luft zu zahlen bereit?“. Es wurde nicht die eigentlich „gerechtere“ Frage gestellt „Was müssen Euch alle Luftverschmutzer zahlen, damit Ihr die dreckige Luft hinzunehmen bereit seid?“. Die Frage nach der Entschädigungsforderung hätte nach US-amerikanischen Untersuchungen einen wesentlich höheren Wert ergeben als die von *Schulz* erfragte Zahlungsbereitschaft.

2. *Die ökologische Schadensbilanz der Bundesrepublik Deutschland*

Auf Basis der dargestellten und weiteren Untersuchungen im In- und Ausland und mit Hilfe fundierter Schätzungen ist es dem Autor gelungen, erstmalig für einen Staat in der Welt, eine sogenannte „ökologische Schadensbilanz“ aufzustellen (siehe Tabelle). In dieser Bilanz finden nur die Schäden Eingang, die aufgrund des derzeitigen Kenntnisstandes über die Umweltschäden festgestellt oder vorhergesagt werden können und die mit Hilfe anerkannter wirtschaftswissenschaftlicher Methoden bewertet und/oder auf der Basis plausibler und fundierter Schätzungen in Geld ausgedrückt und damit „rechenbar“ gemacht werden konnten. Zu den wichtigsten derzeit „nicht rechenbaren“ Umweltschäden zählen die psychosozialen Kosten, Minderungen von Existenz-, Vermächtnis- und Optionswerten sowie die ökologischen Risiken. Werden alle Schadenskomponenten, also Luft-, Gewässer- und Bodenbelastung sowie der Lärm zusammengezählt, dann ergeben sich für die Bundesrepublik jährliche Umweltschäden von mindestens 103 Milliarden Mark. Dies entspricht etwa 6% des Bruttosozialprodukts. Aufgrund der „nicht rechenbaren“

Ökologische Schadensbilanz der Bundesrepublik Deutschland („rechenbare" Schäden in Mrd. DM pro Jahr) Mitte der 80er Jahre

Schadensposition	Schadenskosten (in Mrd. DM pro Jahr)
Luftverschmutzung	rund 48,0 Mrd. DM
– Gesundheitsschäden	– über 2,3–5,8
– Materialschäden	– über 2,3
– Tierschäden	– über 0,1
– Schädigung der Freilandvegetation	– über 1,0
– Waldschäden	– über 5,5–8,8
Gewässerverschmutzung	weit über 17,6 Mrd. DM
– Ertragsausfälle der Fischereiwirtschaft	– weit über 0,25
– Kosten der Trink- und Brauchwasserversorgung	– weit über 9,0
– Verringerter Freizeit- und Erholungswert	– über 7,0
– Ästhetikverluste bei den Anwohnern	– über 1,0
– Weitere „rechenbare" Schäden (z. B. Seevogelopfer, Tankerunfälle)	– über 0,35
Bodenbelastung	weit über 5,2 Mrd. DM
– Tschernobyl und „Tschernobyl-Vermeidungskosten"	– über 2,4
– Altlastensanierung	– über 1,7
– Kosten der Biotop- und Arterhaltung	– über 1,0
– Sonstige Bodenkontaminationen („Erinnerungsposten")	– weit über 0,1
Lärm	über 32,7 Mrd. DM
– Produktivitätsverluste	– über 3,0
– „Lärmrenten"	– über 0,4
– Wohnwertverluste	– über 29,3
Summe der „rechenbaren" Schäden	weit über 103,4 Mrd. DM
Gesamtbeurteilung der Schätzung: Äußerst vorsichtige Gesamtermittlung aller Umweltschäden	

Quelle: Wicke, L.: Umweltökonomie, a. a. O., S. 96.

Umweltschäden ist jedoch davon auszugehen, daß diese Werte die absoluten Untergrenzen darstellen. Die viel zitierte – wenn auch äußerst schlecht bzw. so gut wie nicht fundierte OECD-Zahl von 3–5% Umweltschäden am Bruttosozialprodukt der OECD-Staaten dürfte damit eher eine Unterschätzung sein.

Wenn man die in der Tabelle genannten Unterschätzungen vorsichtig bereinigen will, wenn man berücksichtigt, daß durch die Rauchgasentschwefelungsmaßnahmen die Kosten der Luftverschmutzung in nur fünf Jahren um 18 Milliarden DM gesenkt worden sind, und wenn man versucht, die „sonstigen Umweltbelastungs- und Zerstörungskosten" sehr vorsichtig zu quantifizieren, dann ergibt sich die folgende „aktualisierte Ökologische Schadensbilanz der Bundesrepublik Deutschland Ende der achtziger Jahre":

**Aktualisierte Ökologische Schadensbilanz der Bundesrepublik Deutschland
Ende der 80er Jahre**

Luftverschmutzung	rund 30 Mrd. DM
Gewässerverschmutzung	rund 20 Mrd. DM
Bodenbelastung	rund 10 Mrd. DM
Lärm	rund 35 Mrd. DM
sonstige Umweltbelastungs- und Zerstörungskosten: „Psychosoziale Kosten" (Umweltärger, Streß), Art-, Biotop-, Landschaftszerstörung, Beitrag der Bundesrepublik Deutschland zur Ozonschichtzerstörung, zur Aufheizung der Atmosphäre und zur Zerstörung des Naturerbes unserer Kinder und Kindeskinder und weitere Schadensarten	mindestens: 25 Mrd. DM
Umweltschäden insgesamt	120 Mrd. DM

Quelle: Wicke, L.: Umweltökonomie, a. a. O., S. 96ff.

3. Die monetären Umweltschäden in einigen RGW-Ländern

120 Mrd. DM jährliche Umweltschäden in der Bundesrepublik Deutschland sind eine deprimierend hohe Zahl und stellen riesige reale und ökologische Verluste dar. Sie entsprechen ca. 6% des Bruttosozialprodukts, d.h. also des Wertes an Sachgütern und Dienstleistungen, die innerhalb eines Jahres in der Bundesrepublik Deutschland erzeugt werden. Im Vergleich zu den Umweltschäden in Relation zum Nationaleinkommen in einigen RGW-Ländern sind diese Zahlen – so schlimm sie auch sind – noch relativ bescheiden: Interne Berechnungen der staatlichen Planbehörden zeigen, daß die Umweltverschmutzung jährlich weit höhere ökonomische Schäden verursacht, als in den Umweltschutz investiert wird. Hierzu zählen u.a. Korrosionsschäden durch Luftverschmutzung, Verluste für die Fischerei durch Gewässerverschmutzung, Arbeitszeitverluste und Aufwendungen für das Gesundheitswesen wegen umweltbedingter Erkrankungen. In der UdSSR werden diese Schäden auf etwa 10% des Nationaleinkommens geschätzt, in Polen sogar auf bis zu 20%, während in beiden Ländern die Umweltschutz-Investitionen weniger als 1% des Nationaleinkommens ausmachen. Die jährlichen Umweltschäden in der DDR werden auf 28 bis 30 Mrd. Mark beziffert, die Umweltinvestitionen auf 1 Mrd. Mark.[28]

Nach Angaben von Dr. *Weißenburger*, DIW Berlin, sind bisher die Berechnungen dieser Werte, anders als bei der oben dargestellten „Ökologischen Schadensbilanz", der Öffentlichkeit nicht zugänglich. Prinzipiell ist es auch äußerst problematisch, bei nicht bestehenden Marktpreisen in den RGW-Ländern einen verläßlichen monetären Maßstab bei der Bewertung der Umweltschäden zu finden. Unabhängig davon: Die Größenordnung der Anteile am Nationaleinkommen der RGW-Staaten ist bei grober Kenntnis der Umweltprobleme in diesen Staaten durchaus realistisch!

---

[28] *Deutsches Institut für Wirtschaftsforschung:* Ökologischer Europaplan – Übergreifende Aspekte. Manuskript vorgelegt bei der Pressekonferenz des Bundesumweltministers Töpfer am 27. 12. 1989, S. 3. Die Umweltschäden der DDR betragen bei einem Nationaleinkommen von rund 300 Mrd. Mark rund 10% dieses Betrags.

4. Sinnvolle Umweltschutzmaßnahmen machen sich bezahlt

Angesichts der großen Unterschiede zwischen monetären Umweltschäden und den Aufwendungen zur Vermeidung dieser Schäden, den Umweltschutzinvestitionen, liegt die Vermutung nahe, daß zusätzliche sinnvolle Umweltschutzmaßnahmen einen wesentlich höheren Nutzen stiften als sie kosten. Und auch in der Bundesrepublik Deutschland mit den im Jahre 1987 besonders hohen Umweltschutzaufwendungen von über 32 Milliarden DM stehen diesen fast viermal so hohe Umweltschadenskosten gegenüber.

Für die Bundesrepublik Deutschland kann nachgewiesen werden, daß sinnvolle Umweltschutzmaßnahmen sich volkswirtschaftlich bezahlt machen, daß sinnvoller Umweltschutz also nicht nur eine ökologische, sondern auch eine ökonomische Notwendigkeit ist.[29]

In einem Forschungsprojekt zum „Waldsterben" in der Bundesrepublik Deutschland wurde die unterschiedliche Waldschadensentwicklung mit und ohne Umweltschutzmaßnahmen (bei Kraftwerken und sonstigen Industrieanlagen, bei Automobilen, beim Heizöl und im Ausland) prognostiziert, und der Unterschied in Geld ausgedrückt. Ergebnis: die Maßnahmen zur Entgiftung der Kraftwerke und die ursprünglich geplante obligatorische Einführung des Katalysators bei Neufahrzeugen ab 1. 1. 1986 sowie weitere in- und ausländische Schadstoffminderungsmaßnahmen bis ins 21. Jahrhundert hinein können der deutschen Volkswirtschaft Waldschadensverluste von insgesamt über 130 Milliarden DM (in Preisen von 1984) ersparen.

Obwohl die Waldschadensverluste der am stärksten ins Auge springende Teil der Auswirkungen der Luftbelastungen sind, stellen sie dennoch nur einen, wenn auch sehr bedeutenden, Teil aller durch die Luftverschmutzung hervorgerufenen Schäden dar. Wenn man – äußerst vorsichtig – unterstellt, daß der vermiedene Schaden durch die erwähnten Luftreinhaltemaßnahmen in den Bereichen Gesundheitsverbesserung, Ma-

---

[29] Vgl. dazu im einzelnen *Wicke, L.:* Umweltökonomie, a.a.O., S. 121–127.

terialschutz, Tierwelt, Freilandvegetation nur die gleiche Höhe erreicht wie der vermiedene Schaden auf dem Waldsektor, dann kann als absolute Untergrenze der Nutzen von Luftreinhaltemaßnahmen bis weit ins nächste Jahrtausend hinein mit 250 Milliarden DM angegeben werden. Das sind also vermiedene Schäden, die ohne die genannten Luftreinhaltemaßnahmen in Zukunft auftreten würden und die entsprechend dem Vorgehen in der Waldschadensstudie auf das Jahr 1986 abgezinst wurden.

Die Gesamtkosten des „Pakets“ an Luftreinhaltemaßnahmen in den verschiedenen Bereichen belaufen sich auf insgesamt maximal 80 Milliarden DM, die den genannten vermiedenen Schäden in Höhe von 250 Milliarden DM gegenüberstehen. D.h.: Bei wirkungsvollen Luftreinhaltemaßnahmen auf Basis der Luftverschmutzung Mitte der 80er Jahre in der Bundesrepublik Deutschland bestehen Nutzen-Kosten-Verhältnisse von über 3 zu 1.

Mit *Schulz,* der die oben genannten Befragungen zur Bestimmung des monetären Wertes der Luftverschmutzung durchgeführt hat, kann man sogar noch ein wesentlich höheres Nutzen-Kosten-Verhältnis sinnvoller Luftreinhaltemaßnahmen ermitteln:

Durch die Entschwefelung und Entstickung der westdeutschen Kraftwerke für etwa 25 bis 30 Milliarden Mark, gelangt man von der (schlechteren) Großstadtluft-Qualität in der Bundesrepublik Deutschland zur (besseren) Kleinstadtluft-Qualität, was einem Nutzen von jährlich etwa 28 Milliarden Mark entspricht! Danach übersteigen die Luftreinhalte-Nutzen die Kosten dieser Luftreinhaltemaßnahmen weit über das zehnfache!

Auch wenn auf anderen Umweltschutzgebieten die Ermittlung der Nutzen-Kosten-Verhältnisse nicht so leicht möglich ist, und keineswegs gesagt werden darf, daß jede Umweltschutzmaßnahme (volkswirtschaftlich) rentabel ist (z.B. „getrennt Abfälle sammeln, vereint deponieren oder verbrennen“), kann man davon ausgehen, daß derzeit für jede zur Realisierung sinnvoller Umweltschutzmaßnahmen eingesetzte Mark langfristig ein Nutzen in Höhe von mindestens 3 Mark in Form vermiedener Umweltschäden entsteht. Höher rentierliche Investitionsbereiche dürften in der Volkswirtschaft kaum gefunden werden! Wirkungsvoller Umweltschutz „rechnet“ sich! Auch wenn dieses exzellente Nutzen-Kosten-Verhältnis wirksamer Umweltschutzmaßnahmen und -maßnahmen-„Pakete“ nach spürbaren Verbesserungen der Umweltqualität (z. B. durch das vorgestellte Maßnahmenpaket in der Luftreinhaltung) auf Dauer geringer wird und damit der Nutzenüberschuß aus weiteren Maßnahmen nicht mehr ganz so groß sein wird. Derzeit spricht alles dafür, diese hoch rentierlichen Umweltschutzinvestitionen wesentlich zu verstärken.

Und dies gilt – unabhängig vom Wirtschaftssystem – angesichts der genannten sehr hohen Umweltschäden und damit der hohen Ausgangsbelastung und der Chance, deshalb besonders hohe Umweltentlastungen besonders kostengünstig beseitigen zu können, ganz besonders für die RGW-Länder.

E. Wirtschaftliche und soziale Verbesserungsnotwendigkeiten in der Sozialen Marktwirtschaft

In Abschnitt II.B wurde bereits ausgeführt, daß es sich trotz aller Vorzüge der Sozialen Marktwirtschaft im Vergleich zu den sozialistisch-planwirtschaftlichen Systemen bei dieser Wirtschaftsordnung keineswegs um eine „ideale Wirtschaftsordnung“ handelt. Sie bedarf dringend sozialer, wirtschaftlicher, aber insbesondere auch umweltpolitischer Verbesserungen. Auf die sozialen und wirtschaftlichen Notwendigkeiten bei der Verbesserung dieser Wirtschaftsordnung – Modell Bundesrepublik Deutschland – wird in diesem Abschnitt eingegangen, während die umweltpolitischen Notwendigkeiten im Kapitel V behandelt werden.

1. Beseitigung der „versteckten“ Armut

Dank eines gut geknüpften Netzes sozialer Sicherung kann die Soziale Marktwirtschaft grundsätzlich allen Bürgern die Sicherheit vor existenzgefährdender materieller Not geben. Allerdings hatten 1984 ca. 1,9 Millionen Personen nicht (ausreichende) Anspruchsvoraussetzungen an die verschiedenen sozialen Sicherungssysteme, oder die Leistungen dieser Systeme reichen zur Bewältigung von Notlagen dieses Personenkreises nicht aus. Deshalb erhielt diese Personengruppe aus dem ergänzenden Sicherungssystem der Sozialhilfe/Sozialfürsorge z.B. 1984 pro Person (Haushaltsvorstand oder Alleinstehender) 356 DM/Monat. Dazu kommen zusätzlich zwischen 45% und 90% dieses Betrages für jedes weitere Haushaltsmitglied. Außerdem werden die Mietausgaben dieses Personenkreises voll übernommen, und sie bekommen einmalige Leistungen für Anschaffungen wie Kleidung, Umzug usw. Damit können die ärgsten Notlagen bei dem entsprechenden Personenkreis vermieden werden. Zweifellos sind weitere Verbesserungen notwendig und wünschenswert.

Problematischer ist allerdings, daß eine – nicht genau bezifferbare – Zahl von Personen ebenfalls Anspruch auf Sozialhilfe/Sozialfürsorge hätte, diese Leistungen aber aus Unkenntnis, unberechtigter Scham oder mangelnder Initiative (Nichtseßhafte) nicht in Anspruch nehmen und sich deshalb in existentiellen materiellen Nöten befinden („versteckte Armut"). Vor allem durch eine deutliche Verbesserung der Betreuung dieses Personenkreises – sei es durch staatliche oder karitative Organisationen oder durch andere aufklärerische Maßnahmen – muß dieser Personenkreis weiter verringert werden. Eine Alternative wäre die von dem CDA-Vorsitzenden *Ulf Fink* vorgeschlagene „Mindestrente" für alle älteren oder invaliden Mitbürger, die zu geringe oder keine Ansprüche an die Sozialversicherung haben.

Besorgniserregend ist auch die Zahl von rund 1/2 Million Obdachlosen in der Bundesrepublik Deutschland, darunter viele Langzeitarbeitslose.[30] Darunter mag es manche – wie in jedem Land – geben, die nicht auf Dauer wohnungsfähig sind. Dennoch ist die Zahl viel zu hoch. Hier sind gezielte Wohnungsangebote zu schaffen und die Beschäftigung von Langzeitarbeitslosen, wenn es sein muß durch den Staat, zu fördern.

---

[30] Laut Angaben des Vorsitzenden der Arbeiter-Wohlfahrt, zitiert nach Tagesspiegel vom 20. 12. 1989, S. 18.

2. Verhinderung des Mißbrauchs des „Sozialen Netzes“

Gerade ein gut ausgebautes Netz der Sozialen Sicherung birgt die Gefahr in sich, daß dieses Netz durch Ungereimtheiten und Schlupflöcher mißbraucht oder nicht im Sinne ihrer Ersteller genutzt wird. So hatte es sich bei DDR-Umsiedlern sehr schnell herumgesprochen, daß die den Gesunden zustehende Sozialhilfe im Falle nicht unmittelbarer Arbeitsaufnahme deutlich niedriger ist als das Krankengeld für kranke DDR-Übersiedler. Als Folge fanden sich z. B. in Berlin (West) sehr schnell – unverantwortlich handelnde – Ärzte, die ohne echten Krankheitsbefund Übersiedler „krankschrieben“ und ihnen damit für einige Wochen zum Krankengeld aus der gesetzlichen Krankenkasse auf Kosten der Beitragszahler verholfen haben. (Durch die Einführung eines sogenannten „Eingliederungsgeldes“ ab 1. 1. 1990 anstelle des Arbeitslosen- und Krankengeldes ist dieser unhaltbare Zustand verändert und bereinigt worden.)

Aber auch im Bereich der Arbeitslosenversicherung mit den Sicherungssystemen des Arbeitslosengeldes und der Arbeitslosenhilfe findet in mehr oder weniger großem Ausmaß ein Mißbrauch bzw. eine zumindest teilweise ungerechtfertigte Inanspruchnahme statt. Zwischen 100 000 bzw. 200 000 Arbeitslose von den rund 2 Millionen Arbeitslosen in der Bundesrepublik, d. h. zwischen 5 und 10% aller Arbeitslosen, sollen nach Schätzungen gar nicht arbeitswillig sein und lieber die Arbeitslosenunterstützung in Anspruch nehmen. So wird von Arbeitgebern häufig berichtet, daß bestimmte Arbeitslose Stellenangebote unter fadenscheinigen Gründen ablehnen bzw. durch entsprechendes Verhalten bei den Einstellungsgesprächen ein Einstellungsangebot zu verhindern suchen. Zum Teil gehen solche „arbeitsunwilligen Arbeitslosen“ einer Schwarzarbeit nach und beziehen weiterhin die Arbeitslosenunterstützung.

Ein anderer Personenkreis ist nicht bereit, in andere Gebiete der Bundesrepublik, in denen Stellen in ihren Berufen angeboten werden, umzuziehen oder weite tägliche Anfahrten in Kauf zu nehmen. Und außerdem verhindern die Vorschriften der Arbeitslosenunterstützung zum Teil, daß Arbeitslose geringer qualifizierte und auch weniger gut bezahlte Tätigkeiten annehmen, weil ihnen eine gleichwertige Tätigkeit nachgewiesen oder angeboten werden muß. Personen, die solche Tätigkeiten übernehmen könnten, beziehen lieber zwischen 56 bis 68% ihres bisherigen Nettoentgeltes Arbeitslosenhilfe bzw. Arbeitslosengeld, als daß sie eine geringer bezahlte Tätigkeit annehmen, die nur wenig mehr Nettoeinkommen sichert als die Arbeitslosenunterstützung.

Auch wenn es für viele Arbeitslose mit persönlichen Härten verbunden ist, gerade in einem Sozialstaat muß Arbeitslosen ein gewisses Maß an Mobilität und an Arbeitswillen „zugemutet" werden, will er nicht den Anspruch auf die Arbeitslosenunterstützung verlieren. Dies gilt umso mehr, als die Gesamtheit der arbeitenden Erwerbspersonen über Arbeitnehmer- und Arbeitgeberbeiträge zur Arbeitslosenversicherung für deren Leistungen aufzukommen hat. Allerdings muß ein ausgewogenes Maß an Ansporn zur Ausübung einer Tätigkeit auf der einen, der Berücksichtigung unzumutbarer individueller Belastungen auf der anderen Seite gefunden werden. Eines ist sicher: In den USA zum Beispiel käme – nicht zuletzt wegen einer wesentlich schlechteren Arbeitslosenunterstützung – kaum ein Arbeitsloser auf die Idee, nicht in einem anderen, auch niedriger bezahlten und angesehenen Beruf oder in einer anderen Region der USA einen „Job" anzunehmen! Zwar ist die relativ schlechte soziale Sicherung in den USA sicher kein Vorbild für Europa, dennoch sollte die berufliche und räumliche Mobilität in den USA durch entsprechende Gestaltung der Arbeitslosenunterstützung zumindest zum Teil auch hier angestrebt werden.

3. Abbau der Arbeitslosigkeit

Auf diese Weise könnte zumindest zum Teil das Problem der viel zu hohen Arbeitslosigkeit in der Bundesrepublik Deutschland abgebaut werden, weil die offenen Stellen durch entsprechend qualifizierte, arbeitswillige und mobile Arbeitnehmer besetzt werden könnten.

Allein damit kann allerdings das Arbeitslosenproblem nicht gelöst werden. Hierzu bedarf es weiterer Maßnahmen: Auslösung eines angemessenen, (möglichst) umweltfreundlichen

Wirtschaftswachstums, flexible Arbeitszeitverkürzungen und -veränderungen, Qualifizierung von falsch, schlecht oder zu gering qualifizierten Arbeitnehmern, Eingliederungshilfen für Problempersonen und -gruppen des Arbeitsmarktes.

(Umweltfreundliches) Wirtschaftswachstum zur Reduzierung der Arbeitslosigkeit

Insbesondere in den westlichen Staaten ist aufgrund eines zum Teil umweltzerstörenden Wirtschaftswachstums vor allem in den siebziger Jahren eine heftige Debatte über die Sinnhaftigkeit zusätzlichen Wirtschaftswachstums geführt worden. Inzwischen ist erkannt worden, daß es auf das „Wie" des Wirtschaftswachstums ankommt, ob es umweltzerstörend oder eher umweltentlastend wirkt. Im Zuge des Wirtschaftswachstums können z.B. umweltökonomisch und betriebswirtschaftlich veraltete Anlagen durch neue umweltfreundlichere ersetzt werden, kann die Produktion von umweltbelastenden Grundstoffindustrien stärker auf relativ umweltfreundliche sonstige Sachgüter oder auf Dienstleistungen verlagert werden usw.[31] Tatsächlich ist ein – möglichst umweltfreundliches – Wirtschaftswachstum zum Abbau oder zur Reduzierung der Arbeitslosigkeit eines der wichtigsten, wenn nicht das wichtigste „Instrument".

Eines ist sicher: Wird am Arbeitsangebot, z.B. an der Arbeitszeit, keine Änderung vorgenommen, entsteht in der Regel ohne ein Wirtschaftswachstum, d.h. ohne eine reale Steigerung der wertmäßigen Produktion an Sachgütern und Dienstleistungen, eine höhere Arbeitslosigkeit:

Durch Rationalisierungsmaßnahmen werden im Zeitablauf Arbeitskräfte freigesetzt, weil sich durch den Einsatz von arbeitssparenden Maschinen und Verfahren die Arbeitsproduktivität erhöht. Das heißt, die gleiche Menge an Gütern und Dienstleistungen kann seit Ende der 70er Jahre durchschnittlich mit ca. 1–3% weniger Arbeitskräften im Jahr erzeugt werden.

---

[31] Zur Debatte über das Wirtschaftswachstum und seine Probleme siehe das Kapitel V „Umweltschutz und/oder Wirtschaftswachstum? – Die zentrale umweltpolitische Frage", in: *Wicke, L.:* Umweltökonomie, a.a.O., S. 496ff.

Beispiele für solche Rationalisierungsinvestitionen sind:

- Industrieroboter, die einfache, zum Teil auch kompliziertere Schweiß-, Fräs- und Bohrarbeiten übernehmen,
- die Verdrängung der arbeitsintensiven Herstellung von Produkten (z.B. Uhren) mit mechanischen Teilen durch die Herstellung von Produkten, die durch Mikroprozessoren gesteuert werden und dadurch wesentlich weniger arbeitsintensiv produziert werden sowie
- der Einsatz von Computern für große Teile von Verwaltungsarbeiten.

Des weiteren sind bestimmte Industriezweige aufgrund des internationalen Wettbewerbs nicht mehr konkurrenzfähig und müssen (ganz oder) teilweise aus dem Wirtschaftsgeschehen ausscheiden, wobei Arbeitskräfte freigesetzt werden.

In der DDR und den übrigen RGW-Ländern werden sich beide Effekte – Produktivitätssteigerungen und fehlende Konkurrenzfähigkeit großer Teile der zum Teil völlig veralteten Industrie – in den nächsten Jahren in verstärktem Maße zeigen. Da die Arbeitsproduktivität in der DDR nur bei der Hälfte der bundesdeutschen liegt, werden durch Modernisierungs- und Rationalisierungsmaßnahmen große Anstrengungen unternommen werden müssen, um dies zu ändern – mit der Folge der Arbeitskräftefreisetzung, wenn die Betriebe weiterhin gleichviel Güter, aber rationeller produzieren.

In der Bundesrepublik Deutschland kommt hinzu, daß bis zumindest Anfang der 90er Jahre weniger Arbeitskräfte aus dem Arbeitsprozeß ausscheiden als junge Arbeitskräfte aus geburtenstarken Jahrgängen nachrücken.

Außerdem kommen hunderttausende deutschstämmige Aussiedler – vor allem aus den RGW-Ländern – und DDR-Umsiedler 1989 mehr als 700000) hinzu, von denen der größte Teil in der bundesdeutschen Wirtschaft Arbeitsplätze finden will. Außerdem ist in den 80er Jahren der Anteil und die Zahl der berufstätigen Frauen deutlich angestiegen.

Von daher ist das Arbeitskräfteangebot deutlich erhöht und es werden zusätzliche Arbeitsplätze benötigt.

Mit Hilfe einer Steigerung der Produktion von Waren und Dienstleistungen sollen die neu in den Arbeitsprozeß einströmenden Arbeitskräfte bzw. die freigesetzten Arbeitskräfte neue Arbeitsplätze erhalten: Bestehende Produktionen sollen erweitert, neue Produktionen hinzukommen, damit ein ausreichendes Arbeitsplatzangebot vorhanden ist. Die Faustformel lautet dann: Damit die freigesetzten Arbeitskräfte weiter beschäftigt werden können, muß ein 1–3%iger arbeitsplatzsparender Produktivitätszuwachs kompensiert werden durch ein mindestens 1–3%iges Wirtschaftswachstum.

Aufgrund eines 4%igen Wirtschaftswachstums im Jahr 1989 konnten trotz Rationalisierung 350000 neue Arbeitsplätze in der Bundesrepublik Deutschland bereitgestellt werden. Damit sank die Arbeitslosigkeit im Jahresdurchschnitt in der Bundesrepublik Deutschland 1989 um 204000 – trotz der hohen Aus- und Übersiedlerzahlen! Insgesamt wurde in der siebenjährigen Aufschwungsphase seit 1983 die Zahl der Beschäftigten aufgrund des Wirtschaftswachstums in der Bundesrepublik um insgesamt 2,3 Millionen Arbeitsplätze erhöht. Damit waren 1989 in der Bundesrepublik insgesamt 28 Millionen Menschen erwerbstätig, was einen neuen Nachkriegshöchststand bedeutet.[32]

Allerdings: Gegen verschiedene Arten von Arbeitslosigkeit ist ein globales Wirtschaftswachstum weitgehend machtlos. Beispiele:

- Besteht in Randgebieten zur DDR eine hohe regionale Arbeitslosigkeit, so kann ein Wirtschaftswachstum z.B. im Stuttgarter oder Frankfurter Raum dort keine Entlastung bringen.
- Werden Arbeitskräfte mit speziellen beruflichen Qualifikationen, z.B. aus der Uhrenindustrie, in strukturschwachen Räumen freigesetzt, so wird die Arbeitslosigkeit selbst dann nicht beseitigt, wenn in der gleichen Region neue Arbeitsplätze mit völlig anderen Qualifikationsanforderungen an die Arbeitskräfte geschaffen werden (sektorale Arbeitslosigkeit). Nur wenn eine hohe regionale und sektorale Mobilität der Arbeitskräfte (Umzug, Umschulung) gegeben ist, kann durch ein gesteigertes Bruttosozialprodukt die Arbeitslosigkeit zum Teil beseitigt werden.

Auch wenn eine zu geringe Mobilität die positiven Arbeits-

---

[32] Diese Angaben beruhen auf Aussagen des Präsidenten der Bundesanstalt für Arbeit, *Heinrich Franke,* wiedergegeben in: Frankfurter Allgemeine Zeitung vom 5. 1. 1990, S. 15.

marktfolgen eines ausreichenden Wirtschaftswachstum mindern kann: Insbesondere bei sehr starken arbeitskräftefreisetzenden Produktivitätssteigerungen, wie sie beim Umbau der DDR-Wirtschaft zu erwarten sind, kann nur ein drastisches Wirtschaftswachstum Arbeitslosigkeit verhindern. Auch deshalb ist ein dynamisches marktwirtschaftliches Wirtschaftssystem in der DDR eine unbedingte Notwendigkeit!

Erhöhung und Änderung der Berufsqualifikation

Im Zuge des raschen technischen Wandels verlieren vor allem gering qualifizierte Arbeitnehmer schnell den Anschluß.[33] Arbeitsintensive Hilfsarbeiten im Bauwesen und in anderen Produktionsbereichen können durch den Einsatz von produktiveren Maschinen und Geräten ersetzt oder deutlich vermindert werden. Einfache Schreib- und Verwaltungsarbeiten in Büroberufen können durch den Einsatz von Personal Computern (PC) ganz oder teilweise entfallen usw. Hier ist es von großer Bedeutung, daß diesen und weiteren Arbeitskräften, die durch den technischen Fortschritt und die Rationalisierung „freigesetzt" werden, ihrem Ausbildungs- und Kenntnisstand entsprechende Qualifizierungsmöglichkeiten angeboten werden, damit sie wieder in den Arbeitsprozeß eingegliedert werden können.

Das gleiche gilt für hochgradige Spezialisten, wie z.B. in der Uhren- oder der (mechanischen) Schreibmaschinenindustrie, deren Arbeitsplätze durch elektronische Uhren und Geräte verloren gehen und die auf zukunftsgerichtete Arbeitsplätze umgeschult werden müssen.

Es sind also gewaltige Anstrengungen erforderlich, um den „harten Kern" der Arbeitslosen in der Bundesrepublik Deutschland angemessene und von diesen akzeptierten Um- und Weiterqualifizierungsmöglichkeiten zwecks Wiedereingliederung in den Arbeitsprozeß zu bieten. Dies wird mit erheblichen finanziellen Mitteln durch sogenannte „Qualifizierungsinitiativen" in der Bundesrepublik (mit unterschiedlichem Erfolg; die Weiterbildungsfähigkeit und der entsprechende Wille der Betroffenen ist begrenzt) versucht.

---

[33] Im Jahr 1985 z.B. hatte über 50% der Arbeitslosen keine Berufsausbildung. Vgl. *Bundesministerium* ..., a.a.O., S. 278.

Flexible Verkürzung der Arbeitszeit

Neben der Vergrößerung des Arbeitsplatzangebots durch verstärktes Wirtschaftswachstum und der Wiedereingliederung nicht-, zu gering- oder „falsch"-qualifizierter Arbeitskräfte durch Um- und Weiterqualifizierung kann auch eine flexible Kürzung der Arbeitszeit zum Abbau der Arbeitslosigkeit beitragen. So hat *Binswanger* schon in den siebziger Jahren „eine zwar relevante, aber nicht radikale Arbeitszeitverkürzung in der Höhe von z.B. 10 bis 20% im Durchschnitt",[34], die mit einer Reduktion des nominalen Lohnes einhergeht, gefordert. Um die Lohneinbußen auszugleichen, sollen in der größeren Freizeit mehr als bisher fremdgeleistete Dienstleistungen (z.B. Renovierungs-, Maler- und Gartenarbeiten) durch Eigenarbeit ersetzt, bzw. in sogenannten „kleinen Netzen" verstärkt nachbarschaftliche Hilfe geleistet werden.

Um eine solche Teilstrategie zur Bekämpfung der Arbeitsplatz- und Umweltprobleme durchzuführen, kann der Staat auf zweierlei Weise eingreifen:

- Er muß durch seine Arbeitsgesetzgebung die Voraussetzungen für Arbeitszeitverkürzungen schaffen und außerdem im eigenen Bereich, als Arbeitgeber, ein Beispiel setzen.
- Er muß versuchen, die in hochentwickelten Gesellschaften zweifellos vorhandenen Ansätze für eine dafür erforderliche Mentalitätsänderung in bezug auf Arbeitszeitverkürzungen bei Lohneinbußen und für verstärkte nachbarschaftliche Hilfen zu stärken und gegebenenfalls durch seine Sozialdienste bei der „Installierung" der „kleinen Netze" Hilfestellung geben.

Sowohl die politische Durchsetzung dieser Vorschläge als auch die dafür erforderliche Mentalitätsänderung bei einem großen Teil der Bevölkerung wird nur schwer zu erreichen sein. Eine zumindest teilweise Durchsetzung einer solchen Strategie sollte der Staat mit einer stufenweisen Politik z.B. auf folgende Weise begünstigen:

---

[34] *Binswanger, H. C./Bonus, H./Timmermann, M.:* Wirtschaft und Umwelt: Möglichkeiten einer ökologieverträglichen Wirtschaftspolitik, Stuttgart u.a. 1981.

- In seinem eigenen Bereich als Arbeitgeber sollten – wie zum Teil in der Bundesrepublik Deutschland realisiert – die Voraussetzungen geschaffen werden, daß die Teilzeitarbeit bei entsprechender Lohnreduzierung besser ermöglicht wird und gleichzeitig im Ausmaß der eingesparten Arbeitszeit Neueinstellungen durchgeführt werden.
- Es sollten die erforderlichen arbeits- und versorgungsrechtlichen Voraussetzungen geschaffen werden, daß auch in der gegenwärtigen Wirtschaft Arbeitszeitverkürzungen in größerem Umfang möglich werden. Dabei wäre allerdings zu beachten, die Vorschriften so flexibel zu halten, daß sich die Arbeitszeitverkürzungen im Rahmen des Produktionsprozesses ohne eine Kostensteigerung (z. B. auch der Lohnnebenkosten) durchsetzen lassen.
- Bevor pauschale Arbeitszeitverkürzungen realisiert werden, sollte zunächst das Potential ausgeschöpft werden, das sich durch die freiwillige Kürzung des Arbeitsangebotes durch die Arbeitnehmer ergibt: Möglichkeiten bestehen in der Reduzierung der täglichen Arbeitszeit, einer Reduzierung der Arbeitstage, Verminderung der jährlich insgesamt zu leistenden Arbeitszeit (mehr Urlaub), temporäre Beurlaubungen, aber auch einer Verkürzung der Lebensarbeitszeit. Dabei müßten, und dies ist zu betonen, die individuellen Möglichkeiten der einzelnen Betriebe berücksichtigt werden; generelle Lösungen würden eher wirtschaftlich negativ wirken.
- Ist die auf diese Weise erreichte Verknappung des Arbeitsangebotes noch immer nicht ausreichend, so sollte versucht werden, auf die Tarifpartner dahingehend einzuwirken, daß Tarifverträge in geeigneter Form so abgeschlossen werden, daß die Arbeitnehmer ein Wahlrecht haben, entweder vereinbarte Nominallohnsteigerungen oder diese Nominallohnsteigerung ganz oder zum Teil durch eine entsprechende Arbeitszeitverkürzung zu erhalten. D. h., gegebenenfalls könnte für Arbeitnehmer, die es wünschen, die Lohnhöhe gleich bleiben, die Arbeitszeit aber verkürzt werden.

Die Einführung der 38,5-Stunden-Woche mit partiellem Lohnausgleich in der Bundesrepublik Deutschland und relativ flexiblen Regelungen für einzelne Arbeitnehmergruppen geht in die gezeigte Richtung.

Alle diese Vorschläge zielen darauf ab, entsprechend den jeweiligen Bedingungen bei den einzelnen Arbeitgebern die Voraussetzungen zu schaffen, ohne Kostenerhöhungen das Arbeitsangebot zu reduzieren. Dabei ist aber zu beachten, daß mit einer rein quantitativen Reduzierung das Problem des qualitativen Arbeitskraftangebotes von z.B. Facharbeitern noch nicht gelöst ist. All dies spricht gegen globale, nicht auf die jeweiligen Bedingungen abgestellte Lösungen.

Eingliederung von Problempersonen in den Arbeitsmarkt

Für bestimmte Problemgruppen des Arbeitsmarktes, z.B. Schwerbeschädigte, wird es auch bei größerem Erfolg der vorstehenden arbeitsplatzschaffenden Maßnahmen außerordentlich schwierig, in einer marktwirtschaftlichen Ordnung Arbeit zu finden. Deshalb ist es den Betrieben und öffentlichen Verwaltungen in der Bundesrepublik zur Auflage gemacht worden, pro 16 Arbeitnehmer einen Schwerbeschädigten zu beschäftigen. Kommen sie dieser Forderung nicht nach, müssen diese Arbeitgeber eine sogenannte Schwerbeschädigtenabgabe von derzeit 150 DM pro Monat entrichten. Mit dieser Abgabe soll die Einstellung von Schwerbeschädigten finanziell „attraktiv" gemacht bzw. das einkommende Abgabenaufkommen für Eingliederungsmaßnahmen der Schwerbeschädigten verwendet werden z.B. zur Umrüstung von Maschinen, damit diese von Schwerbeschädigten bedient werden können. Noch entziehen sich viel zu viele Arbeitgeber der Verpflichtung zur Einstellung von Schwerbeschädigten durch Zahlung der Abgabe, denn derzeit sind in der Bundesrepublik 127000 Behinderte erwerbslos und 300000(!) Pflichtplätze nicht besetzt.[35] Weil der Anreiz zur Einstellung Behinderter durch die Abgabe offensichtlich nicht ausreicht, scheint eine deutliche Erhöhung der Abgabe oder die Begünstigung von Arbeitgebern, die ihre Pflichtquote zur Einstellung Behinderter einhalten, bei der Vergabe von öffentlichen Aufträgen und/oder die Verpflichtung der Vergabe von Aufträgen an Behindertenwerkstätten durch Firmen, die ihre Mindestquote nicht einhalten, dringend erforderlich zu sein!

---

[35] *Frankfurter Allgemeine Zeitung:* Immer mehr Behinderte werden arbeitslos, 8. 1. 1989, S. 7.

Außerdem wird über sogenannte „Arbeitsbeschaffungsmaßnahmen" von der Bundesanstalt für Arbeit für einen Zeitraum von bis zu zwei Jahren erreicht, daß sonstige Problemgruppen des Arbeitsmarktes – wie nicht- oder schlechtqualifizierte Jugendliche und ältere Arbeitnehmer – in den Arbeitsprozeß wiedereingegliedert werden können. Deshalb übernimmt die Bundesanstalt für Arbeit zwischen 60 und 100% des Arbeitsentgelts für diese Arbeitslosen im Rahmen der sogenannten ABM-Programme.

In letzter Zeit werden solche Programme häufig mit Qualifizierungsmaßnahmen kombiniert, um diesen ABM-Beschäftigten nach Auslaufen der Arbeitsbeschaffungsmaßnahme die Wiedereingliederung in den „normalen" Arbeitsprozeß zu erleichtern.

Summa summarum: In der Sozialen Marktwirtschaft können und müssen

- durch Maßnahmen, die ein umweltfreundliches Wirtschaftswachstum begünstigen und fördern,
- durch Maßnahmen zur Erhöhung und Änderung der Berufsqualifikation,
- durch eine flexible Verkürzung der Arbeitszeit und
- durch verstärkte Maßnahmen zur Eingliederung von Problemgruppen des Arbeitsmarktes

deutlich verstärkte Anstrengungen unternommen werden, um die viel zu hohe Arbeitslosigkeit (im Jahresdurchschnitt 1989 um 2 Millionen und damit eine Arbeitslosenquote von 7,1%) abzubauen.

4. Verhinderung von Wettbewerbsbeschränkungen

Im System der Sozialen Marktwirtschaft hat – wie bereits mehrfach betont – der Wettbewerb zwischen Unternehmen eine außerordentlich wichtige Funktion. Die Unternehmen versuchen, „durch das Erbringen einer besseren Leistung zu Lasten ihrer Konkurrenten (Wettbewerber) Nachfrage zu gewinnen und ihre unternehmerischen Ziele zu verwirklichen. Unternehmen, die sich in ihrer Wettbewerbsposition durch Aktionen (Wettbewerbsvorstöße) ihrer Konkurrenten bedroht sehen, müssen auf diese Gefährdung reagieren, indem sie ihre Marktleistung ebenfalls verbessern, um so Wettbewerbsnachteile zu vermeiden."[36] Sie können dies durch Einsatz der verschiedenen Wettbewerbsmittel wie Preis, Qualität, Service, Lieferfristen, Sortimentsvielfalt usw. tun. „Wettbewerb wirkt durch die Gewinnchancen, die er eröffnet, und durch die Verlustdrohung, die bei Leistungsschwäche wirksam wird, als gesellschaftliches Sanktionsverfahren: Das Erbringen marktgerechter Leistungen wird als gesellschaftlich erwünschter Beitrag zur Realisierung des Zieles bestmöglicher Konsumentenversorgung durch Gewinne belohnt (positive Sanktion); Unternehmen, deren Angebot den Konsumentenwünschen nicht entspricht, werden mit Verlusten bei dauerhafter Leistungsschwäche mit dem Zwang zum Marktaustritt „bestraft" (negative Sanktion)."[37]

Gerade weil es aufgrund dieser Funktionen des Wettbewerbs interessant für die Unternehmen ist, Wettbewerber möglichst vom gewinnsenkenden Wettbewerb abzuhalten, wird immer wieder „der Versuch unternommen, sich der lästigen Zwänge und Risiken eines wirksamen Wettbewerbs zu entledigen, um in den Genuß der Sicherheit und der höheren Gewinne zu gelangen, die als Preis erfolgreicher Strategien der Wettbewerbsbeschränkung winken. Als marktbeherrschendes Unternehmen oder als Mitglied eines wirksam organisierten Kartells lassen sich bei geringerem Risiko höhere Gewinne erzielen, als bei wirksamen Wettbewerb jeder einzelne Anbieter dauerhaft erhoffen könnte."[38]

Der Staat muß deshalb in der Sozialen Marktwirtschaft mit den Mitteln seiner Wettbewerbspolitik verhindern, daß der Wettbewerb beschränkt und damit diese Ordnung an einem ihrer zentralen Punkte selbst gefährdet wird. Prinzipiell können solche Wettbewerbsbeschränkungen durch vertragliche Absprachen (Kartelle) zwischen Anbietern gleicher oder ähnlicher Produkte, durch formlos abgestimmte Verhaltensweisen zwischen Wettbewerbern (z. B. bei Benzinpreiserhöhungen unterschiedlicher Tankstellenketten zu beobachten) und

---

[36] *Berg, H.:* Wettbewerb, in: *Dichtl, E./Issing, O.* (Hrsg.), Vahlens Großes Wirtschaftslexikon, Bd. 2, München 1987, S. 937.

[37] Ebenda.

[38] *Berg, H.:* Wettbewerbsbeschränkungen, in: *Dichtl, E./Issing, O.* (Hrsg.), a. a. O., S. 938.

durch bewußtes Parallelverhalten geschehen. Außerdem können mächtige Unternehmen ein Individualmonopol dadurch anstreben und realisieren, daß „Marktmacht eingesetzt wird, um schwächere Konkurrenten zu behindern, sie zu Wohlverhalten zu veranlassen oder gänzlich vom Markt zu verdrängen."[39] Schließlich kann ein Unternehmen durch forciertes externes Wachstum, d.h. durch Aufkauf wichtiger Konkurrenten, zu einem marktbeherrschenden und damit nicht länger dem lästigen Wettbewerb unterliegenden Monopolisten werden.

Insgesamt besteht bei einer zu großen Unternehmenskonzentration, d.h. bei einer zu geringen Anzahl von Unternehmen, die gleiche oder ähnliche Produkte anbieten, also bei zu großen Marktanteilen einzelner Unternehmen in bestimmten Märkten, immer die Gefahr der unzulässigen und im marktwirtschaftlichen System höchst unerwünschten Wettbewerbsbeschränkung. Dies ist in allen marktwirtschaftlichen Ordnungen rechtzeitig erkannt worden, und so existiert bereits seit dem 1. 1. 1958 das Gesetz gegen Wettbewerbsbeschränkungen (Kartellgesetz), nach dem Kartelle prinzipiell verboten sind. Da sich herausstellte, daß trotz dieses Gesetzes immer wieder wettbewerbsbeschränkende Aktivitäten von den Unternehmen unternommen wurden, das bestehende Kartellgesetz also einen funktionsfähigen Wettbewerb nicht sicherstellen konnte, wurde dieses Gesetz inzwischen viermal novelliert und verbessert.

Insbesondere wurde

- eine Kontrolle von Unternehmenszusammenschlüssen (Fusionskontrolle) eingeführt,
- die Preisbindung im Einzelhandel und das abgestimmte Verhalten verboten,
- die Zusammenarbeit zwischen kleinen und mittleren Unternehmen erleichtert,
- versucht, dem Mißbrauch der Nachfragemacht (großer Einzelhandelskonzerne) zu begegnen,
- dem Bundeskartellamt in Berlin das Recht eingeräumt, Geldbußen bei Verstößen gegen das Gesetz gegen Wettbewerbsbeschränkungen zu erheben.

---

[39] Ebenda.

Hierdurch wird angestrebt, ungerechtfertigte Gewinne bei Verstößen gegen den freien Wettbewerb durch diese Geldbußen abzuschöpfen.

„Obgleich die Neigung zu wettbewerbsbeschränkenden Absprachen und Fusionen verbreitet ist, kann die Entwicklung von monopolistischer Marktmacht doch durch wettbewerbspolitische Maßnahmen wirkungsvoll in Schach gehalten werden. Von größter Bedeutung ist dabei, daß die nationale Wettbewerbspolitik durch eine auf Öffnung der Märkte hin ausgerichtete Außenhandelspolitik ergänzt wird. ... Die in jüngerer Zeit ständig gestiegene Außenhandelsverflechtung der deutschen Wirtschaft hat wesentlich dazu beigetragen, daß trotz industrieller Konzentration der Wettbewerbsgrad der deutschen Wirtschaft nicht grundlegend beeinträchtigt worden ist."[40]

Trotz dieser optimistischen Aussagen ist in jeder marktwirtschaftlichen Ordnung höchste wettbewerbspolitische Wachsamkeit erforderlich, damit die Marktwirtschaft sich durch wettbewerbsbeschränkende Tendenzen nicht selbst zerstört. Der – äußerste umstrittene – Zusammenschluß zwischen der Firma Daimler-Benz und der „High-Tech"-Firma Messerschmidt-Bölkow-Blohm durch eine Ausnahmeerlaubnis des Bundeswirtschaftsministers – wenn auch unter einigen wettbewerbsfördernden Auflagen (Verkauf einiger Unternehmensteile) – zeigt, wie gefährdet der Wettbewerb durch Unternehmenszusammenschlüsse und durch andere wettbewerbsbeschränkende Aktivitäten immer wieder ist.

Mit diesen Ausführungen soll freilich nicht gesagt werden, daß dieser Unternehmenszusammenschluß (primär) unter dem Aspekt der Wettbewerbsbeschränkung angestrebt und realisiert wurde. Gerade internationale Wettbewerbsargumente wurden zur Begründung dieses Zusammenschlusses angeführt. Dennoch bleibt angesichts des damit gebildeten „Industriegiganten" ein ungutes (wettbewerbspolitisches) Gefühl!

---

[40] *Neumann, M.:* Das Leitbild der sozialen Marktwirtschaft, in: *Bundesministerium* ..., a.a.O., S. 49.

5. Verringerung der Vermögenskonzentration, speziell beim Produktivvermögen

Die Vermögensverteilung in der Bundesrepublik Deutschland entspricht kaum den Vorstellungen einer „gerechten Vermögensverteilung". Für das Jahr 1973 mußte aufgrund vermögensstatistischer Untersuchungen und Ergebnissen konstatiert werden:

„Man kann dem Zustand völliger Vermögensgleichverteilung, bei dem alle Haushalte ein gleich hohes Vermögen haben, 100 Punkte geben. Das andere Extrem, bei dem ein Haushalt das gesamte private Vermögen besitzt und alle anderen Haushalte nichts, kann man mit 0 Punkten belegen. Der außerordentlich negative Aspekt an den in dieser Arbeit ermittelten Ergebnissen ist, daß wir uns in der Bundesrepublik nur 25 Punkte entfernt von dem schlechtesten aller denkbaren vermögenspolitischen Verteilungszustände – dem Wert Null – und 75 Punkte weit weg von dem Zustand völliger Vermögensgleichverteilung befinden, nämlich dem Wert von 100."[41] Dies ist eine dem Gerechtigkeitsempfinden widersprechende ungerechte Vermögensverteilung.

Allerdings hat sich schon 1973 gezeigt, daß insbesondere wegen der damals deutlich steigenden Masseneinkommen und wegen der erfolgreichen Anwendung des Vermögensbildungsgesetzes mit tarifvertraglich gesicherten Vermögensbildungsmaßnahmen für Arbeitnehmer die Vermögenskonzentration abgenommen hat. Diese Tendenz hat sich bis 1980 durch „eine immer größere Zunahme gleich verteilter Vermögensarten"[42] weiter fortgesetzt, so daß zumindest von einer Reduzierung der – nach Meinung der Verfasser – ungerechten Vermögensverteilung gesprochen werden kann und muß. Dennoch gilt es auch hier, insbesondere durch Vermögensbildung der unteren Einkommens- und Vermögensschichten diese ungerechte Ungleichverteilung abzubauen und so weit wie möglich zu beseitigen.

---

[41] Vgl. *Mierheim, H./Wicke, L.:* Die personelle Vermögensverteilung, Tübingen 1978, S. 272.

[42] *Baron, D.:* Die personelle Vermögensverteilung in der Bundesrepublik Deutschland und ihre Bestimmungsgründe, Frankfurt/M. u.a. 1988, S. 243.

Noch sehr viel problematischer ist die Situation bei der Konzentration des Produktivvermögens in der Bundesrepublik Deutschland: „Es bleibt der eherne volkswirtschaftliche Tatbestand, daß 5% unserer Bevölkerung über 90% des gesamten Produktivkapitals verfügen."[43] Außerdem ist das gewerbliche Vermögen auch innerhalb der Gruppe der obersten Vermögensschicht, d.h. der 1,7% der vermögensreichsten Haushalte, außerordentlich ungleich verteilt. Wenn man einer Gleichverteilung innerhalb dieser sehr vermögenden Gruppe den Wert 100, einer völligen Ungleichverteilung den Wert 0 geben würde, so liegt das Maß der Ungleichheit mit 32 sehr viel näher bei der völligen Ungleichverteilung als bei der Gleichverteilung.[44] „Die Verteilung vor allem des Produktivvermögens ist nicht nur ungleich und ungerecht, sondern diese Tendenz verstärkt sich auch noch. Diese Entwicklung ist auch bedeutsam aufgrund der Eigenschaft des Produktivvermögens als eines Machtspenders; Machtausübung mit diesem Machtspender ist größtenteils nicht demokratisch legitimiert."[45]

Weil dies so ist, muß diese Fehlentwicklung der Sozialen Marktwirtschaft mit einer zu großen Vermögenskonzentration des Produktivvermögens in relativ nur wenigen Händen durch eine breitere Arbeitnehmerbeteiligung am Produktivvermögen energisch reduziert werden. Wenn inzwischen 95% der bundesdeutschen Arbeitnehmer in den Genuß von vermögenswirksamen Tarifverträgen kommen, und diese Beträge (in Höhe von maximal 936 DM pro Jahr plus 500 DM steuerfreie Unternehmenszuwendung) von diesen 95% aller Arbeitnehmer genutzt werden würden, so wären sehr bald die Arbeitnehmer zu einem beträchtlichen Anteil Miteigentümer am arbeitgebenden Betrieb oder an Unternehmen, die am Kapitalmarkt Beteiligungswerte, z.B. in Aktien, anbieten. Abgesehen von der damit einhergehenden Dekonzentrationstendenz beim Produktivvermögen und der Möglichkeit der betrieblichen Mitentscheidung auch als Ka-

---

[43] *Coester, F.:* Breite Vermögensbildung – Nur noch ein alter Hut?, in: CDA – Soziale Ordnung, 43. Jg. (22. Dez. 1989), S. 18.

[44] Vgl. *Baron, D.:* a.a.O., S. 237.

[45] Ebenda, S. 243.

pitaleigner könnte mit diesen Beträgen von mehr als 20 Millionen Arbeitnehmern der Bundesrepublik Deutschland der steigende Kapitalbedarf im zusammenwachsenden Europa – auch bei der Privatisierung von DDR-Kombinaten – mitbefriedigt werden. Außerdem würde den Arbeitnehmern mit dieser Mitbeteiligung neben der Sicherheit in Form der kollektiven sozialen (Ver-)Sicherungssysteme auch private und damit individuelle und ergänzende Sicherheit durch Eigentum an Kapitalvermögen und laufende Erträge zuwachsen.[46]

6. Verbesserung der Arbeitnehmerrechte

„In einer marktwirtschaftlichen Arbeitsverfassung ist das wirtschaftliche Schicksal und das Arbeitsleben der Arbeitskräfte weitgehend durch marktabhängige, an ökonomischen Kriterien orientierte Arbeitgeberentscheidungen bestimmt. Durch diese Markt- bzw. Arbeitgeberabhängigkeit können elementare Arbeitnehmerinteressen gefährdet werden. Zur Vermeidung solcher Gefährdungen ist eine sozial orientierte Betriebsverfassung und Unternehmensverfassung erforderlich."[47]

Hierbei sind in der Bundesrepublik Deutschland bereits wesentliche Erfolge zu verzeichnen: „Das Betriebsverfassungsgesetz und die Personalvertretungsgesetze sichern den Arbeitnehmern bzw. den von ihnen gewählten Betriebsräten Informationsrechte, Mitberatungs- und Mitbestimmungsrechte in bezug auf die Gestaltung von Arbeitsplatz, Arbeitsablauf und Arbeitsumgebung, in bezug auf allgemeine personelle Angelegenheiten, die Berufsbildung und personelle Einzelmaßnahmen, in bezug auf soziale Angelegenheiten (u. a. Arbeitszeitregelungen, betriebliche Sozialeinrichtung und der betrieblichen Lohngestaltung) und in bezug auf wirtschaftliche Angelegenheiten."[48]

Nach dem Montanmitbestimmungsgesetz und dem Ge-

---

[46] Vgl. dazu *Coester, F.:* a. a. O., S. 18f.

[47] *Lampert, H.:* Die Arbeitsverfassung, in: *Bundesministerium* ..., a. a. O., S. 229.

[48] Ebenda.

setz über die Mitbestimmung der Arbeitnehmer haben Arbeitnehmer das Recht, in Unternehmen bestimmter Größenordnung (ab 1000 bzw. 2000 Arbeitnehmern) ... in den Aufsichtsrat ebenso viele Vertreter zu entsenden wie die Kapitaleigner. Dadurch partizipieren die Arbeitnehmervertreter an allen Entscheidungs- und Kontrollrechten, die einem Aufsichtsrat zustehen (Bestellung der Vorstandsmitglieder, Beratung über die Überwachung der Geschäftsführung des Vorstandes und Prüfung des Jahresabschlusses)."[49] Allerdings ist zu konstatieren, daß bei Stimmengleichheit in einer zweiten Abstimmungsrunde dem – von der Kapitaleignerseite gestellten – Aufsichtsratsvorsitzenden ein doppeltes Stimmrecht zukommt, so daß, wenn es „Spitz auf Knopf" kommt, die Kapitaleignerseite ihren Willen durchsetzen kann, sofern sie einstimmig votiert. Ende 1986 waren 507 Unternehmen und Konzerne in der Bundesrepublik Deutschland in dieser Form mitbestimmt.

Diese Regelungen und die zusätzlich gegebene Möglichkeit der Bestellung eines Arbeitsdirektors im – die täglichen Geschäfte und die Geschäftspolitik bestimmenden – Vorstand der Unternehmen durch die Arbeitnehmerseite müssen per saldo als substantielle Verbesserungen einer rein marktwirtschaftlichen Ordnung angesehen werden. Nach dem Urteil von *Raiser* ist die Mitbestimmung ein geeignetes Instrument, um den Gegensatz zwischen Kapitalismus und Sozialismus in einer eigenständigen Synthese aufzuheben, denn „eine von der rechtlichen und wirtschaftlichen Gleichberechtigung zwischen Anteilseignern und Arbeitnehmern in Unternehmen ausgehende Ordnung verläßt den Gedankenkreis des Kapitalismus und schreitet zu einem neuen Gestaltungsprinzip fort, das ... zwischen Kapitalismus und Sozialismus steht, wenn man so will, eine gegenüber beiden neutrale, dritte Alternative bildet."[50]

Um diesen recht weitgehenden Aussagen (voll) zu entspre-

---

[49] *Lampert, H.:* a.a.O., S. 229.

[50] *Raiser, Th.:* Marktwirtschaft und paritätische Mitbestimmung. Zur Kritik des Berichts der Mitbestimmungskommission, Heidelberg 1973, S. 66.

chen, sollten allerdings die folgenden Verbesserungen der Arbeitnehmerrechte ernsthaft erwogen und gegebenenfalls realisiert werden:[51]

- Im Bereich des Betriebsverfassungsgesetzes und der Personalvertretungsgesetze sollte den Betriebsräten ein stärkeres Mitspracherecht bei technologischen Veränderungen – gerade auch angesichts des sich beschleunigenden technischen Wandels, der die berufliche Existenz der Mitarbeiter stark berührt – eingeräumt werden. Hierbei fällt den Betriebsräten eine starke Verantwortung zu, weil sie nicht „nur" über angemessene zukünftige Arbeitsbedingungen für ihre Kollegen, sondern auch über auf Dauer sichere Arbeitsplätze mitzuentscheiden hätten, die möglicherweise infolge des technologischen Wandels ganz anders als die derzeitigen aussehen (müssen).
- Über die Mitsprache- und Mitbestimmungsrechte der Betriebsräte hinaus sollten auch Möglichkeiten geschaffen werden, daß – ohne betriebswirtschaftlich sehr problematische Unterbrechungen und Störungen – der einzelne Mitarbeiter bzw. die einzelne Mitarbeitergruppe an ihren jeweiligen Arbeitsplätzen stärkere Mitsprache- und Mitbestimmungsrechte eingeräumt bekommen.
- Nach den Mitbestimmungsgesetzen haben die Arbeitnehmer „nur" in den selten tagenden und die laufende Geschäftspolitik nur indirekt überwachenden Aufsichtsräten eine paritätische Mitbestimmung, und diese ist aufgrund des Zweitstimmrechts des Aufsichtsratvorsitzenden noch eingeschränkt. Deshalb sollte darüber nachgedacht werden, inwieweit der Einfluß der Arbeitnehmer auch in dem die laufenden Geschäfte bestimmenden Vorstand gestärkt werden kann. Dies könnte im Rahmen eines aus Aufsichtsrat und Vorstand gebildeten „boards" bei wichtigen laufenden Entscheidungen in der Geschäftsführung des Vorstandes geschehen. Ein solches Board-System, allerdings ohne die deutsche Mitbestimmungsregelungen, existiert zum Beispiel in Großbritannien.

---

[51] Nach Angaben des stellvertretenden Hauptgeschäftsführers der Christlich Demokratischen Arbeitnehmer, *Herbert Metzger*, Königswinter.

7. Weitere Verbesserung des Sozialen Netzes nach dem Subsidiaritätsprinzip

Mit den skizzierten Sozialen Sicherungssystemen hat sich die Soziale Marktwirtschaft in der Bundesrepublik Deutschland weit von dem System der Freien Marktwirtschaft mit einer rein kapitalistischen „Ellenbogengesellschaft" wegentwickelt. Dennoch sind – wie aufgezeigt – weitere soziale und gesellschaftspolitische Verbesserungen dieser Ordnung wünschenswert und nötig.

Bei der Verbesserung des Sozialen Netzes muß es in erster Linie darum gehen, den wirklich Bedürftigen, die keine oder nur sehr geringe Chancen zur eigenen oder familiären Selbsthilfe haben verstärkt zu helfen. Beim Ausbau und der Verbesserung des Sozialen Netzes besteht immer die Gefahr, daß auch diejenigen in den Genuß erhöhter staatlicher sozialer Förderung kommen, die sich aufgrund ausreichendem bis gutem Einkommen selbst vor einigen Lebensrisiken schützen bzw. daran mitbeteiligt werden können. Wenn dies nicht geschieht, können die Sozialen Sicherungssysteme für alle Beteiligten zu teuer und unfinanzierbar werden. Im Bereich der Krankenversorgung und der medizinischen Hilfe drohte das System der Krankenversicherung der Bundesrepublik Deutschland bereits einmal „aus dem Ruder zu laufen". Um den exorbitanten Ausgabenanstieg auf dem Medizinsektor zu begrenzen, mußte über Arzneimittelhöchstpreise, aber auch durch teilweise schmerzliche Kürzungen des Leistungsumfangs der gesetzlichen Krankenkassen (Mitbeteiligung der Versicherten an den Arzneimittel- und Krankenhauskosten) und auf andere Weise ein solches „Zurückschneiden" bereits erworbener Ansprüche vorgenommen werden. (Hier ist noch einmal genau zu überprüfen, ob nicht dabei wirklich Bedürftige mitbelastet worden sind, und ob weniger gut verdienenden Versicherten nicht zu hohe Mitbeteiligungen und Belastungen auferlegt worden sind.)

Bei der Verbesserung des Sozialen Netzes geht es also nach dem sogenannten „Subsidiaritätsprinzip" darum, dieses Netz für wirklich Bedürftige und für die, die sich selbst nicht in ausreichendem Umfang helfen können, noch dichter zu knüpfen, andererseits die gut bis sehr gut Verdienenden in der

Bundesrepublik Deutschland aber auch dahin zu führen, daß sie – z.B. über Privatversicherungen – für Sonderrisiken verstärkt selbst aufkommen sollten. Subsidiaritäts- nicht Gießkannenprinzip, d.h. gezielte, nicht gleich viel Hilfe für Arme wie Reiche muß das Ziel einer gerechten, aber auch finanzierbaren Sozialpolitik in einer Sozialen Marktwirtschaft sein!

Summa summarum bleibt festzuhalten: Die Soziale Marktwirtschaft hat in der Bundesrepublik Deutschland ein weites und gut ausgebautes soziales, wirtschaftliches und arbeitsverfassungsrechtliches Sicherungssystem gegen „kapitalistische" Auswüchse einer freien Marktwirtschaft geschaffen, das per saldo sehr anzuerkennen ist. Dennoch müssen auch in dieser Wirtschaftsordnung weitere Verbesserungen realisiert werden, um sie noch gerechter und besser zu gestalten.

V. Effiziente Umweltpolitik in der Öko-Sozialen Marktwirtschaft

Neben diesen sozialen, wirtschaftlichen und arbeitsverfassungsrechtlichen Verbesserungen müssen in der Sozialen Marktwirtschaft vor allem die Umweltprobleme wirkungsvoller als bisher angegangen werden, um die oben dargestellten viel zu hohen Umweltschäden wirksam zu begrenzen und zu reduzieren, und um den mit steigendem materiellen Lebensstandard deutlich wachsenden Umweltbedürfnissen der Menschen in wesentlich größerem Umfang als derzeit zu entsprechen.

Die Realisierung dieses Ziels erfordert

- die Aufstellung eines strikten und engen ordnungsrechtlichen Rahmens mit Umweltgeboten und -verboten und insbesondere die Durchsetzung dieser Umweltauflagen (unter anderem durch automatisierte Überwachung und Kontrollen) sowie
- die Durchsetzung einer stärker marktorientierten Umweltpolitik, die das Eigeninteresse aller Menschen für den Umweltschutz mobilisiert.

A. Ökologische Rahmensetzung in der Öko-Sozialen Marktwirtschaft

Jede freie Marktwirtschaft trägt starke selbstzerstörerische Elemente und Kräfte in sich, weshalb sie eine starke soziale, wettbewerbsrechtliche, aber insbesondere auch umweltpolitische Rahmensetzung benötigt. In einer Sozialen Marktwirtschaft soll und darf sich das Eigeninteresse aller an einem höheren Wohlstand soweit entfalten, wie dadurch nicht die sozialen Anliegen der breiten Masse, insbesondere der Leistungsschwächeren und Behinderten, beeinträchtigt werden und soweit dieses ökonomische Eigeninteresse nicht die marktwirtschaftliche Ordnung selbst gefährdet oder zerstört.

Das marktwirtschaftliche Eigeninteresse führt bei ausreichendem Wettbewerb zu erhöhter und bedarfsgerechter Güterproduktion bei möglichst geringen Kosten und Preisen. Aber: Es besteht auch die Gefahr des ungehemmten Umgangs mit der Natur und der Zerstörung der Umwelt. Bei einer zerstörten Umwelt werden allerdings eine marktwirtschaftliche Produktion und materielle Bedarfsdeckung sinnlos! Deshalb bedarf es zur Erhaltung einer Marktwirtschaft sowohl eines wirksamen rechtlichen Rahmens als auch effektiver Umweltschutzgesetze.

Aber die schönsten Umweltgesetze helfen nichts, wenn das Eigeninteresse (fast) aller darauf gerichtet ist, zur Vermeidung von Kosten oder Unbequemlichkeiten nach umweltrechtlichen Schlupflöchern zu suchen und sie auszunutzen. Beispiel: Obwohl in der Bundesrepublik Deutschland vom Prinzip gute Luftreinhaltegesetze vorhanden sind, wurden zu viele Schadstoffe ausgestoßen, und der deutsche Wald stirbt. Deshalb müssen marktorientierte Korrekturmechanismen in das System der Sozialen Marktwirtschaft eingebaut werden, damit das Eigeninteresse aller auf den Umweltschutz gerichtet wird und der Egoismus nicht – wie bisher – eher in Richtung Umweltzerstörung wirkt. Kein Bürger soll dabei nur auf die Wirtschaft schauen. Jeder Kraftfahrer trug selbst schon ungefähr einen millionstel Teil zur Luftbelastung aus Kraftfahrzeugen bei!

Diese marktorientierte bzw. marktwirtschaftliche Umweltpolitik ist – wie im Teil B dieses Kapitel gezeigt wird – eine außerordentlich wichtige Ergänzung eines wirkungsvollen umweltrechtlichen Ge- und Verbotsrahmens und einer staatlichen Umweltplanung. Dennoch kann die marktorientierte Umweltpolitik strikte und durchzusetzende Umweltauflagen aus verschiedenen Gründen nur teilweise ersetzen.

1. Umweltrechtliche Ge- und Verbote sind unabdingbar

In allen Staaten mit einer mehr oder weniger entschiedenen Umweltpolitik wird diese zunächst mit Umweltauflagen in Form von Ge- und Verboten betrieben. Dies sind direkte umweltbezogene Verhaltensvorschriften für Produzenten und sonstige die Umwelt beeinträchtigende Wirtschaftssubjekte, mit denen die umweltpolitischen Instanzen ihre Zielvorstellungen durchsetzen wollen. Sie können als das „klassische" umweltpolitische Instrument bezeichnet werden.

Das Instrumentarium von Umweltauflagen ist außerordentlich vielgestaltig und in der Abbildung dargestellt. Das Verursacherprinzip wird mit Auflagen in dem Umfang durchgesetz, in dem der Verursacher durch Einhaltung dieser Auflagen (unter anderem durch Einschränkung, Umstellung, Verlagerung oder Stillegung der Produktion) die Umweltbelastung verringert oder somit externe Kosten vermeidet, die der Allgemeinheit gegen deren Willen z. B. in Form von Luft-, Gewässer- oder Bodenbelastungen auferlegt werden.[52]

Bei Geboten soll ein Verhalten durchgesetzt werden, bei dem gewisse Umweltbelastungen noch auftreten können, wenn auch gegenüber dem Ausgangszustand in geringerem Zustand. Demgegenüber soll bei Verboten (z. B. DDT-Verbot) das verbotene umweltbeeinträchtigende Verhalten total unterbunden werden.

Die Ansatzpunkte dieser Auflagen sind zusammenfassend in der Abbildung dargestellt.

---

[52] Die Ansatzpunkte und die Vor- und Nachteile der Umweltauflagen sind ausführlich beschrieben in: *Wicke, L.:* Umweltökonomie, a. a. O., S. 170–190.

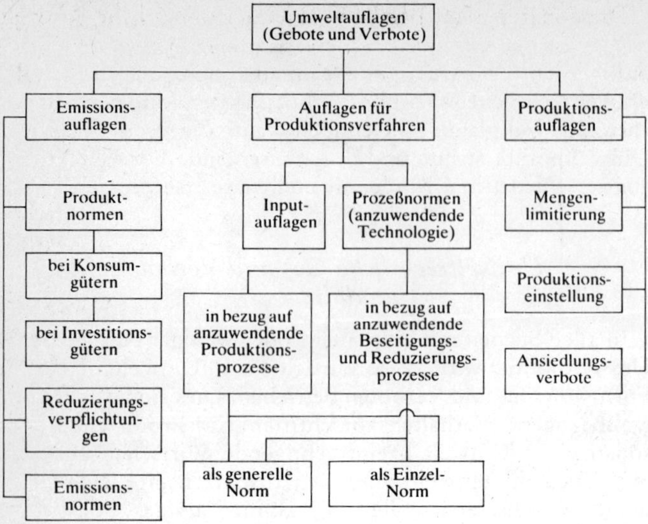

Quelle: *Wicke, L.:* Umweltökonomie, 2. Aufl., München 1989, S. 169.

Diese Umweltauflagen sind aus folgenden Gründen in jedem Staat Hauptansatz- und -ausgangspunkt der Umweltpolitik:

- In kritischen Situationen, wie der einer gravierenden Gesundheitsgefährdung durch Umweltbelastungen, kann man sich nicht auf freiwillige und nicht vorhersagbare Reaktionen, z.B. auf die Wirkung von Umweltabgaben verlassen, sondern muß durch Ge- und Verbote schnellstens die Gefährdung beseitigen. (Beispiel: Vorschriften bei Smog-Alarm.)
- Bei Auflagen ist eine größere Reaktionssicherheit gegeben, während bei Anreizinstrumenten (z.B. Abgaben) im voraus nicht klar vorhersagbar ist, wie die Emittenten auf Abgabenanreize reagieren und wie stark deshalb die Umweltverbesserung sein wird. Ein Beispiel für die klar erkennbare und nachprüfbare Reaktionssicherheit von Auflagen ist die Großfeuerungsanlagen-Verordnung, nach der innerhalb weniger Jahre Großkraftwerke weitgehend „entschwefelt" wurden.
- Auflagen haben häufig gegenüber anderen umweltpolitischen Instrumenten den Vorteil der größeren Praktikabilität, da die jeweiligen Ge- und Verbotstatbestände klar vorgegeben und ihre Einhaltung vom Prinzip leicht kontrolliert werden können.
- Wenn und soweit Ge- und Verbote intensiv überwacht und durchgesetzt werden, haben sie den Vorteil der schnelleren Wirksamkeit. Dadurch werden Gefahren vermieden, die durch einen zu langen Wirkungszeitraum von anderen umweltpolitischen Instrumenten zu irreversiblen Schäden führen könnten.
- Die Wirkungen von Verboten sind einsichtig, verlangen keinen ökonomischen Sachverstand und besitzen damit in der politischen Diskussion vor Einführung der Maßnahmen bei Technikern, Juristen und den an der Vorbereitung und Vollzug beteiligten Behördenvertretern, der interessierten Öffentlichkeit und den Politikern einen großen Vorteil gegenüber für sie schwerer zu durchschauenden ökonomisch orientierten Instrumenten wie Abgaben, Lizenzen, kontrollierter Umwelthandel usw. Für Auflagen besteht deshalb in der interessierten Öffentlichkeit häufig ein wesent-

lich größerer „good will“ als für marktorientierte Instrumente.

- Für die Durchsetzung von Umweltbestimmungen in Form von Auflagen in der politischen Praxis ist darüber hinaus in diesem Zusammenhang bedeutend, daß Juristen, welche die Umweltschutzgesetze vor allem ausarbeiten, mit diesem Instrumentarium, z. B. aus dem Strafrecht, besonders vertraut sind und es daher besonders gern anwenden. Aber auch die überwachenden Techniker und Ingenieure kennen aus der Berufspraxis vor allem solche Ge- und Verbotsregelungen in den verschiedenen Bereichen (Arbeitsschutz, allgemeine Sicherheitsvorschriften usw.).

2. *Umweltpolitische Rahmensetzung durch Umweltplanung*

Neben den Umweltauflagen und den unten dargestellten marktorientierten umweltpolitischen Instrumenten wird in der Umweltpolitik auch eine wirksame Umweltplanung benötigt. Diese ist deshalb von großer Bedeutung, weil durch eine gezielte ökologisch ausgerichtete Planung von vornherein ein großes Maß an Umweltbelastung vermieden werden kann. Dies kann z. B. durch eine vorausschauende Planung in Form sinnvoller Ausweisungen von Gebieten für Produktionsstätten, Arbeitsstätten und Verkehrswege sowie für ökologisch wichtige, sogenannte Ausgleichsräume geschehen. Die Umweltplanung kann aber auch zumindest über längere Fristen erreichen, daß durch eine Entflechtung bestehender Strukturen zwischen Produktions- und Wohnstätten die Umweltbelastung der Wohnbereiche im Zeitablauf reduziert werden kann.

Unter den Begriff der Umweltplanung fallen die folgenden drei Kategorien von umweltplanerischen Instrumenten:

- übergreifende Gesamtplanungen, wie die der Raumordnung, der Landesentwicklung sowie der Regional- und Bauleitplanung,
- umweltbedeutsame Fachplanungen, beispielsweise die der Verkehrsplanung, der Energie- und Ressourcenplanung, der Wasser-, Abfall- und Luftreinhalteplanung und

- Umweltverträglichkeitsprüfungen bei umweltbedeutsamen, zumeist nicht durch Spezialgesetze geregelten öffentlichen Maßnahmen.

Die Bedeutung dieser Umweltplanung ergibt sich aus folgendem Zitat: „Aus den Aufgaben des Umweltschutzes ergibt sich dessen enger Zusammenhang mit der Raumordnung. Reaktive Schutzmaßnahmen (Emissionsbegrenzung, Wasserreinigung, Lärmschutzeinrichtungen u.a.) reichen allein zu einer nachhaltigen Verbesserung der Umwelt nicht aus. Schon bei den Standortplanungen, die vielfach durch die der öffentlichen Hand vorzugebenden Infrastruktureinrichtungen und durch mittelbare und unmittelbare Finanzförderungshilfen beeinflußbar sind, müssen Folgen möglicher Umweltbeeinträchtigungen stärker als bisher berücksichtigt werden. Raumordnung, Landesplanung und Bauleitplanung der Gemeinden haben außerdem die wichtige Aufgabe, die regional und lokal unterschiedlichen Ansprüche auf Nutzung der Umwelt abzuwägen. Ökologische Maßstäbe sind also nicht nur beim Ausbau der Infrastruktur, sondern bei allen raumverändernden Maßnahmen (z.B. Förderung der Wirtschaftsstruktur, Agrarstruktur, Städtebau) schlechthin zu berücksichtigen“.[53]

Aber nicht nur durch Standortplanungen wird die Umwelt beeinflußt, sondern auch durch die verschiedenartigsten Fachplanungen sowie durch Einzelmaßnahmen der öffentlichen Hand. Aus diesem Grunde muß als Umweltplanung der Gesamtkomplex der umweltrelevanten raumordnerischen Planungsarten, die gezielte Berücksichtigung von Umweltaspekten in den verschiedensten Fachplanungen sowie die bei umweltrelevanten Einzelmaßnahmen durchzuführende Umweltverträglichkeitsprüfung bezeichnet werden. Die bei dieser Umweltplanung angewendeten Konzepte und Maßnahmen zur Durchsetzung der jeweiligen umweltbezogenen Zielvorstellungen sind danach umweltplanerische Instrumente.[54]

---

[53] Vgl. Umweltpolitik – das Umweltprogramm der Bundesregierung, 5. ergänzte Aufl., Stuttgart 1976, S. 39ff.

[54] Diese umweltplanerischen Instrumente sind relativ ausführlich beschrieben in: *Wicke, L.:* Umweltökonomie, a.a.O., S. 273–303.

3. Verbesserte Umweltüberwachung und -kontrolle

Allerdings helfen die besten Umweltauflagen und eine noch so gute Umweltplanung in der umweltpolitischen Realität wenig, wenn die umweltbezogenen Ge- und Verbote – wie in der Praxis in Ost und West sehr oft geschehen – aus Eigeninteresse („wer sich vor Umweltschutz drückt, macht bessere Gewinne oder hat eine bessere Planerfüllung") und aus Gründen der mangelhaften behördlichen Überwachung und Kontrolle immer wieder umgangen bzw. übertreten werden. Tatsächlich liegt einer der wichtigsten Gründe für das in Ost und West vielbeklagte „umweltpolitische Vollzugsdefizit" darin, daß der Schadstoffausstoß zu sporadisch und zu bürokratisch gemessen wird. So werden z.B. in Schleswig-Holstein – und dies ist weder in der Bundesrepublik noch in der DDR eine besonders unrühmliche Ausnahme – der Schadstoffausstoß vieler Firmen nur alle drei Jahre gemessen. Außerdem begeben sich die Aufsichtsbeamten nur nach Vorankündigung auf das jeweilige Betriebsgelände – eine mittelbare „Aufforderung", sich zumindest vorübergehend vom möglichen „Umweltsaulus" zum „Umweltpaulus" durch entsprechende kurzzeitige Emissionsminderung zu entwickeln!

Generell ist zur Steigerung der Effizienz einer auflagenorientierten Umweltpolitik, aber auch bei Einführung der unten dargestellten stärker marktorientierten Umweltpolitik, eine wesentlich bessere und möglichst automatisierte Umweltkontrolle erforderlich.

Damit könnte nicht nur das große „Vollzugsdefizit" abgebaut werden, sondern den Betrieben könnte außerdem rechtzeitig die Möglichkeit eröffnet werden, sich auf erhöhte Umweltschutzanforderungen einzustellen.

Die naheliegende Forderung heißt deshalb: Kontinuierliche Kontrolle des Schadstoffausstoßes. Gegen relativ gering verschärfte Meß- und Kontrollvorschriften nach der neuen Technischen Anleitung Luft wurde zwar von seiten der bundesdeutschen Wirtschaftsverbände mit dem Argument opponiert, der Aufwand dafür stehe in keinem Verhältnis zum erreichbaren umweltbezogenen Schadstoffminderungserfolg. Dies ist aber unrichtig, denn eine solche Kontrolle ist heute ohne größere Probleme und zu hohe Belastungen der Betriebe möglich.

Beispiel Gewässerreinhaltung: Bei größeren Betrieben können kontinuierlich und entsprechend der jeweiligen Menge des Abwassers (mengenproportionale) Probenahmen durchgeführt werden. Ein entsprechender Vorschlag existiert seit 1972: Jeweils nach Ausfluß einer bestimmten Abwassermenge wird von einem automatischen Gerät eine Abwasserprobe genommen, und diese Probe in einem Behälter eingefroren.[55] Nach einer bestimmten Zeit oder nach einer bestimmten Menge wird der Inhalt aufgetaut und analysiert. Da die Abfüllung proportional zu der eingeleiteten Abwassermenge erfolgt, kann aus den Proben auf die tatsächlich eingeleitete Gesamtschadstoffmenge geschlossen werden. Damit kann z. B. bei einer Verbesserung des Abwasserabgabengesetzes die tatsächlich eingeleitete Schadstoffmenge als Basis der Abgabenzahlung herangezogen werden (permanenter Anreiz zur möglichst geringen Schadstoffeinleitung!). Zudem wird auch eine Beweissicherung bei eventuellen Schadensersatzprozessen (längere Aufbewahrung der durchschnittlichen Proben aus dem Behälter) ermöglicht.

Sollte eine kontinuierliche Überwachung oder Messung vorgeschrieben werden, so würden mit Sicherheit sehr schnell auch weitere, möglicherweise noch vereinfachte und „elegantere" Meß- und Kontroll-Lösungen gefunden werden, wie dies bei der Ermittlung von Schwermetallen und anderen Schadstoffen (oder -gruppen) heute schon möglich ist. Bei größeren Einleitungsstellen könnten dann ggf. ähnlich wie bei der Überwachung von Atomkraftwerken (Radioaktivität) Datenübertragungen zu den Überwachungsbehörden durchgeführt werden. Vorsätzliche oder irrtümliche gefährliche Einleitungen könnten dann ggf. zum Teil sofort verhindert oder gestoppt werden.

Auf dem Luftsektor sind nach der Großfeuerungsanlagenverordnung und nach der Technischen Anleitung Luft bereits heute für bestimmte Anlagen ab einer bestimmten Größenordnung und für bestimmte Schadstoffe (z. B. Schwefeldioxid)

---

[55] *Axt, G.:* Bewertungsgrundlagen für schadstoffgerechte Abwassergebühren, in: Vom Wasser, 39. Jg. (1971), S. 299ff.

kontinuierliche Messungen (z.B. die Messung der Abgasmenge) vorgeschrieben. Sollte vom Gesetz- und Verordnungsgeber vorausschauend für einen zukünftigen Zeitpunkt die verstärkte kontinuierliche Überwachung und Kontrolle auch für kleinere Firmen vorgeschrieben werden, so kann man angesichts der Leistungsfähigkeit der deutschen und ausländischen Meßgeräteindustrie erwarten, daß die entsprechenden Vorschriften dann auch meßtechnisch umgesetzt werden können. In Japan gibt es bereits Datenübertragungen der entsprechenden Schadstoffströme in die Überwachungsbehörden.

Zu beachten ist bei der Diskussion über die Möglichkeit oder Unmöglichkeit solcher Überwachungen, daß von der sonst so innovativen bundesdeutschen Industrie eine Haltung eingenommen wird, die vielleicht dem technischen Stand der 50er Jahre entspricht. Die automatisierte Meßtechnik hat sich wesentlich verbessert. Per Computer können heutzutage Meßreihen vorschriftengerecht aufbereitet und die Ergebnisse inklusive eventueller Warnungen wegen Einleitungsüberschreitungen zu den Behörden übertragen werden. Der meßtechnische Fortschritt sollte auch auf dem Gebiet der Umweltüberwachung voll genutzt werden!

Durch automatisierte oder Eigenkontrollen kann die Entbürokratisierung der Umweltpolitik beschleunigt werden. Damit kann vor allem die Einhaltung bestehender Vorschriften und der Abbau des „Vollzugsdefizits“ erreicht werden.

Außerdem sind solche Überwachungen oder Eigenkontrollen keinesfalls nur ein Negativum für die Betriebe:

- Zum einen werden sie von manchen den Betriebsablauf störenden Einzelkontrollen der Behörden befreit.
- Zum anderen erhalten sie häufig erstmals (weil man sich im Betrieb oft über den Schadstoffausstoß nicht informiert – betriebswirtschaftliches Nebenproblem) einen Überblick über die tatsächliche Schadstoffausstoßsituation. Der Betrieb kann sich dadurch leichter auf eventuell drohende behördliche Eingriffe durch betriebliche Änderungen einstellen oder sonstige Schadstoffminderungsmaßnahmen einleiten. So kann er sich – was auch unter betriebswirtschaftlichen Aspekten ganz wichtig ist –

rechtzeitig beraten lassen und nach kostengünstigen Lösungen suchen. Er muß dann nicht ggf. unter behördlichem „Vollzugsdruck" zur erstbesten, möglicherweise besonders kostenungünstigen, ggf. sogar existenzgefährdenden Minderungsmaßnahme greifen. Das heißt: Diese Überwachung kann der Anstoß für ein betriebswirtschaftlich äußerst sinnvolles offensives Umweltschutzmanagement sein.

B. Marktorientierte Umweltpolitik in der Öko-Sozialen Marktwirtschaft[56]

Aber selbst bei einer wesentlich besseren Umweltüberwachung und -kontrolle werden private Unternehmen wie sozialistische Betriebe immer wieder versuchen, Umweltschutzauflagen zu umgehen bzw. deren Realisierung zu verzögern. Den gesamtwirtschaftlichen Vorteilen sinnvoller zusätzlicher Umweltschutzmaßnahmen stehen sehr häufig, wenn auch keineswegs immer (oft „rechnen sich" umweltschützende und zugleich den Betriebsablauf rationalisierende „integrierte" Umweltschutzmaßnahmen – auch innerbetrieblich!) betriebswirtschaftliche Nachteile wie Kostensteigerungen, Gewinnreduzierungen oder Betriebsunterbrechungen und Planverzögerungen gegenüber. Deshalb bedarf es neben einer verstärkten – möglichst automatisierten – und entbürokratisierenden Umweltkontrolle des verstärkten marktwirtschaftlichen Anreizes durch eine sogenannte marktorientierte Umweltpolitik.

1. Charakteristika marktorientierter umweltpolitischer Instrumente

Das Hauptcharakteristikum einer marktorientierten Umweltpolitik besteht darin, daß für diejenigen, die sich umweltfreundlicher verhalten sollen, ohne direkten staatlichen Eingriff ein monetärer oder sonstiger Anreiz dafür entsteht. Un-

---

[56] Vgl. zu den folgenden Ausführungen – weitgehend wörtlich – *Wicke, L.:* Umweltökonomie, a.a.O., S. 383–397, und *Wicke, L.:* Mehr Markt im Umweltschutz, in: Handbuch für Umwelt und Energie, 6. Jg. (1985), Gruppe 12, S. 312ff.

ternehmen, Privathaushalte und andere umweltbeeinflussende Subjekte sollen dabei die Möglichkeit erhalten, in den umweltpolitisch notwendigen Grenzen flexibel zu agieren und sich möglichst kostengünstig auf diese Umweltschutzerfordernisse einzustellen. Es soll der Eigennutz, d.h. das Streben nach möglichst hohem Gewinn oder Konsumentennutzen von Arbeitnehmern, Konsumenten und Unternehmen, für den Umweltschutz mobilisiert werden.

Mit der Verwirklichung einer solchen Politik soll die Soziale Marktwirtschaft neben dem vorhandenen sozialen Rahmen einen ökologischen Rahmen erhalten und materielle und nicht-materielle Vorteile bei umweltfreundlichem bzw. relativ umweltfreundlichem Verhalten (z.B. Benutzung eines Katalysatorautos oder des öffentlichen Personennahverkehrs) gewährt werden. Durch diese Anreize innerhalb der durch den ökologischen Rahmen gesteckten Grenzen können und sollen sich die einzelnen Wirtschafts- und Umweltsubjekte flexibel entsprechend ihren eigenen Zielsetzungen umweltfreundlicher verhalten. Dies ist auf die einprägsame Formel gebracht worden: „Umweltschutz durch Eigennutz".

2. Zusammenhang zwischen Gewinn- und Eigennutzstreben und dem Umweltschutz

Dem Ansatz, mit marktorientierten Instrumenten den Eigennutz des Menschen zur Reduzierung der Umweltbelastung einzuspannen, begegnen viele mit großer Skepsis bis krasser (z.T. moralisch begründeter) Ablehnung. Denn – um es zu wiederholen – die stärkste Triebfeder der Marktwirtschaft, das Streben nach hohem Gewinn der Unternehmen, nach hohem Einkommen und Konsumnutzen von Arbeitnehmern und Konsumenten soll in den Dienst des Umweltschutzes gestellt werden.

Aber gerade dieses Streben, kurz der Eigennutz der Menschen, ist in der marktwirtschaftlichen Ordnung, wenn auch keinesfalls nur in dieser, eine der wichtigsten Ursachen der Umweltzerstörung:

- Das Kraftwerk, das seine Abgase nicht von Schwefel- und Stickoxiden befreit, produziert den Strom um 2 bis 3 Pfennige pro Kilowattstunde billiger, aber verkauft ihn zum gleichen Preis wie die umweltfreundlichere Konkurrenz: Kostensenkung und Gewinnsteigerung auf Kosten der Umwelt!

- Der Autohersteller, der nur geringere Lärmminderungen als möglich an seinen Kraftfahrzeugen ergreift, spart bis zu mehreren hundert Mark pro Auto an Kosten und kann es entsprechend billiger verkaufen: Preissenkung, Umsatz- und Gewinnsteigerung zum Nutzen der Autofahrer und Unternehmen, aber zum Schaden der Umwelt und der vom Lärm Betroffenen!
- Massengetränke in Einwegflaschen oder Dosen sind zwar meist etwas teurer, aber oft bequemer für die Getränkeverkäufer und -verbraucher. Die Konsumenten greifen nach den Getränken in Wegwerfbehältern und gefährden damit die Mehrwegsysteme und die Umwelt.
- Nur wenige Autobesitzer sind bereit, auf die umweltfreundlicheren Busse und Bahnen ‚umzusteigen': Wenn der öffentliche Personen(Nah)Verkehr nicht optimal gestaltet ist, bedeuten den meisten Autofahrern Zeitersparnisse, Flexibilität und Bequemlichkeit (die ihnen ihr Privat-PKW bietet) in ihrer privaten Kosten-Nutzen-Überlegung in der Regel mehr als ihr vergleichsweise minimaler Beitrag zur Entlastung der Umwelt durch das Umsteigen auf eine umweltverträglichere Beförderungsart.
- In sozialistisch-planwirtschaftlichen Systemen kann man z.B. durch die Nichtachtung von Umweltschutzauflagen Betriebsunterbrechungen vermeiden und damit ggf. den Plan besser übererfüllen und höhere Prämien erhalten.

Das Gewinn- und Eigennutzstreben ist also, wie an diesen Beispielen skizziert, zweifellos auch eine der wichtigsten Ursachen der Umweltzerstörung. Das heißt aber keineswegs, daß man das Gewinnstreben nur abzuschaffen braucht, um die Umweltprobleme zu beseitigen. Gerade das genannte Beispiel und die Umweltzerstörung in den sozialistischen Staaten beweisen, daß es damit keineswegs getan ist. Nirgendwo auf der Welt ist das Waldsterben aus Gründen der Luftbelastung so weit fortgeschritten wie in der CSSR. In der DDR wird inzwischen ca. elfmal soviel Schwefeldioxid pro Kopf der Bevölkerung ausgestoßen wie in der Bundesrepublik Deutschland (rund 5 Mill. Tonnen bei 17 Mill. Einwohnern gegenüber

2 Mill. Tonnen bei 60 Mill. Einwohnern). Auch die Tschernobyl-Katastrophe hat das niedrige Niveau der Umweltschutz- und Sicherheitsvorkehrungen in der UdSSR aufgezeigt. Die Umweltprobleme in sozialistisch-planwirtschaftlichen Staaten ohne (direktes) Gewinnstreben sind also keineswegs geringer, in weiten Bereichen sogar größer als in marktwirtschaftlich organisierten Staaten mit Gewinnstreben. Die in Abschnitt IV.D.3 wiedergegebenen monetären Umweltschäden in den RGW-Staaten als Anteile am Nationalprodukt auch im Vergleich zu diesen Schäden in der Bundesrepublik sprechen eine deutliche Sprache!

Genau wie in den marktwirtschaftlich orientierten Staaten wirkt sich der Eigennutz der Menschen in den Ost„block"-Staaten gegen die Umwelt aus: weil dort der materielle Lebensstandard gegenüber den meisten westlichen Staaten wesentlich niedriger ist, wird bzw. wurde – ähnlich wie im westlichen Nachkriegsdeutschland – ohne größere Berücksichtigung der Umweltfolgen produziert, streben die Betriebsleitungen und die Beschäftigten nach Planerfüllung und -überfüllung, um in den Genuß von Auszeichnungen, Prämien, Urlaubsvergünstigungen usw. zu gelangen. Die Unterbrechung oder Verzögerung des Produktionsprozesses durch Umweltschutzmaßnahmen ist dabei nur hinderlich.

In einem gleicht sich die Ursachenanalyse der Umweltzerstörung in markt- wie planwirtschaftlichen Systemen. Das (in planwirtschaftlichen Systemen gebremste) Gewinn- und Eigennutzstreben sorgt via Streben nach Kostensenkung und Gewinnerhöhung bzw. Planerfüllung und Prämiensteigerung dafür, daß der „homo oeconomicus" in beiden Systemen in der Regel Umweltschutz vermeiden will. Selbst wenn er die Notwendigkeit von verstärkten Umweltschutzanstrengungen aller an der Wirtschaft und am Konsum Beteiligten einsieht, verhält er sich rational, wenn er als einzelner kostenträchtigen oder bequemlichkeitsvermindernden Umweltschutz vermeidet. Der Beitrag des einzelnen zur Umweltverbesserung ist verschwindend gering. Hier soll ein plastisches Beispiel wiederholt werden: Derjenige, der auf die Benutzung des Autos verzichtet, verliert bei ungünstigen Verkehrsbedingungen vielleicht zwei Stunden Freizeit am Tag, er reduziert aber den Schadstoffausstoß der Kraftfahrzeuge in der Bundesrepublik z.B. nur um ein Zwanzigmillionstel.

Wegen dieses „Kollektivgutproblems“ der Umwelt können noch so gut gemeinte Appelle an das Umweltbewußtsein der Bürger allein nicht viel helfen!

Nur eine allgemeine Beeinflussung des Verhaltens sehr vieler Kraftfahrer oder der Schadstoffintensität der Kraftfahrzeuge kann die Umwelt spürbar entlasten und einen eventuellen beachtlichen Bequemlichkeitsverlust des umweltbewußten Bürgers insgesamt sinnvoll werden lassen.

Wenn umweltbelastendes Verhalten zu monetären Kosten oder nicht-monetären Nachteilen führt und damit ein Anreiz zur Umweltentlastung entsteht, ist dies auch moralisch zielorientierter, als wenn die Umwelt quasi zum Null-Tarif zur kostenlosen Umweltbelastung zur Verfügung steht.

Diese genannten Vorbehalte gegen eine das Eigennutzstreben für den Umweltschutz mobilisierende marktorientierte Umweltpolitik können aber tatsächlich allenfalls auf den ersten Blick überzeugen.

3. Die wichtigsten marktorientierten umweltpolitischen Instrumente

Insbesondere durch die folgenden marktorientierten Instrumente kann Umweltschutz nämlich auf vier verschiedenen Lösungswegen erreicht werden:

Beim Lösungsweg I soll durch verbesserte Informationen und Unterstützung das freiwillige umweltfreundliche Verhalten aller Marktteilnehmer deutlich erhöht werden:

- Steigerung des Umweltbewußtseins und -verhaltens der Verbraucher,
- umweltbewußte Unternehmensführung durch ein gewinnorientiertes offensives Umweltschutzmanagement,
- umweltfreundliche staatliche Beschaffung,
- Schaffung von Benutzervorteilen für umweltfreundliche Produkte und Verfahrensweisen.

Beim Lösungsweg II werden Umweltschutzvereinbarungen getroffen, und zwar

- Vereinbarungen zwischen Wirtschaft und lokal von Schadstoffbelastungen Betroffenen (z.B. auf Basis verbesserter

Information über die Umweltbelastung, d.h. verbesserter Umweltberichterstattung) und

- Branchenabkommen oder -vereinbarungen, in denen sich Wirtschaftszweige dem Staat gegenüber zu einem bestimmten umweltfreundlichen Verhalten verpflichten.

Beim Lösungsweg III wird das Gewinninteresse der Unternehmen zur Anregung verstärkten umweltfreundlichen Verhaltens besonders aktiviert und zwar durch

- Umweltabgaben in Abhängigkeit vom jeweiligen Schadstoffausstoß oder der Umweltunfreundlichkeit der Produkte,
- Umweltlizenzen, mit denen der Schadstoffausstoß insgesamt auf ein bestimmtes Niveau begrenzt wird und ein Anreiz entsteht, durch Schadstoffreduzierungen Lizenzen gewinnbringend verkaufen zu können,
- flexible nachträgliche Anordnungen, bei denen diejenigen, die freiwillig mehr Schadstoffe reduzieren als angeordnet, diese Zusatzminderungen gewinnsteigernd einsetzen können (wie ansatzweise bei der Kompensationsklausel der TA Luft).
- Einführung einer risikogestaffelten (obligatorischen) Umwelthaftpflichtversicherung mit dem Anreiz, Versicherungskosten mit Hilfe einer umweltfreundlicheren Produktion senken zu können.

Beim Lösungsweg IV

- wird auf Basis einer verbesserten Umweltüberwachung und -kontrolle mit rechtlichen Verbesserungen durch eine verschärfte Umwelthaftung das wirtschaftliche Risiko bei umweltgefährlicher Produktion und Produkten deutlich gesteigert.

Diese umweltpolitischen Instrumente werden im folgenden kurz skizziert.

a) Förderung des freiwilligen umweltfreundlichen Verhaltens

Steigerung des Umweltbewußtseins zur Verminderung von Umweltproblemen

Soweit man über die Stärkung des Umweltbewußtseins Verbraucher, Wirtschaft (und Politik) zum umweltverbessernden Verhalten und zu umweltverbessernden Maßnahmen veranlassen kann, muß diese Möglichkeit als erste marktorientierte Lösung genannt werden. Zwar besteht zwischen der Stärke des Umweltbewußtseins und dem tatsächlichen Verhalten bei den allermeisten Bürgern ein deutlicher Unterschied. Dies liegt an dem bereits skizzierten sogenannten Kollektivgutproblem. Die Umwelt ist ein öffentliches bzw. kollektives Gut.

Während die individuellen Nachteile für Wirtschaft und Konsumenten bei umweltfreundlichem Tun recht beachtlich sein können, kommt der zumeist äußerst bescheidene Beitrag zur Umweltverbesserung durch den einzelnen allen Bürgern zugute.

Trotz dieses Problems ist die Bedeutung des Umweltbewußtseins für die Umweltverbesserung insbesondere beim Vorliegen der folgenden Bedingungen nicht zu unterschätzen:

- Wird der Verbraucher über Gefahren aus dem umweltbeeinträchtigenden Tun, die ihn auch selbst betreffen, besser informiert (z.B. Krebsrisiko bei der Bearbeitung von Asbestzementplatten), besteht die Aussicht, daß er sich (in stärkerem Umfang) umweltfreundlich verhält.
- Wird der Verbraucher über die umweltfreundlichen Alternativen durch eine entsprechende umweltbezogene Produzentenwerbung, durch die Vergabe des Umweltzeichens für umweltfreundliche Produkte oder über die Einführung von Umweltinformationen bzw. -bewertungsgesichtspunkten bei der Stiftung Warentest besser informiert und sind Preis- und Qualitätsunterschiede nicht gravierend, kann das Umweltbewußtsein in ein entsprechendes Käuferverhalten umschlagen. Gleichzeitig werden dadurch auch die Konkurrenten angespornt, preisgünstige umweltfreundliche Produkte auf den Markt zu bringen.
- Durch Reduzierung der individuellen Nachteile (z.B. Zeit- und Bequemlichkeitsverlust bei umweltfreundlichem Tun) kann der Staat (z.B. durch Ausbau oder Begünstigung des öffentlichen Personennahverkehrs) das umweltfreundliche Verhalten attraktiver machen und die Benutzung dieses Verkehrsträgers steigern.

All diese Maßnahmen sollten – wie gesagt – in ihrer Bedeutung nicht überschätzt werden. Allerdings zeigt sich in der Bundesrepublik Deutschland inzwischen ein sehr beachtenswerter und eindeutiger Trend zu einem freiwilligen umweltfreundlicheren Käuferverhaltens und damit zu einer Annäherung zwischen Umweltbewußtsein und tatsächlichem Umweltverhalten: Nach einer mehrfach wiederholten Untersuchung des G&I-Instituts Nürnberg, einem Tochterunternehmen der Gesellschaft für Konsumforschung, steigt der Anteil der umweltbewußten Verbraucher inzwischen dramatisch an, und zwar von 39% im Jahr 1985 auf 59% im Jahr 1988 (!), und diese Verbrauchergruppe kauft signifikant weniger chemotechnische und als umweltproblematisch angesehene Haushaltsreinigungsprodukte und ebenso deutlich weniger abfallintensive Produkte, z. B. Getränke in Einwegbehältern.[57] Staatliche Maßnahmen sowie Informationen durch die Presse und andere (Unternehmen und Institutionen) können diese Entwicklung durchaus beschleunigen!

Dennoch: Die Hauptbedeutung des gesteigerten Umweltbewußtseins (z. B. nach der Realisierung der Umweltkatastrophe des Waldsterbens) liegt aber im Druck auf Politik und Verwaltung zur Durchführung konkreter umweltpolitischer Schritte, die dann zu möglichst breit wirkenden Umweltschutzmaßnahmen führen.

Gewinnorientiertes offensives Umweltmanagement [58]

Normalerweise reagieren die Betriebe auf Umweltschutzanforderungen der Behörden so, daß sie versuchen, durch Verweigerungen oder Verzögerungen die Anforderungen, die Geld kosten, zu vermeiden oder allenfalls – nach einer längeren Übergangsfrist – die staatlichen Anforderungen „gerade mal so eben“ zu erfüllen.

Allerdings zeigt sich ein immer stärkerer Trend zu einer umweltbewußten Unternehmensführung. Er resultiert aus steigendem Umweltbewußtsein vieler Unternehmen und der Absicht, dieses auch in der Praxis anzuwenden, aber vor allem auch aus der Erkenntnis, daß sich Umweltschutz häufig innerbetrieblich „rechnet“, wenn man ihn nur intelligent praktiziert.

---

[57] Vgl. *Vardag, F.:* Umweltschutz, Umweltbewußtsein und Marketing: Konsumentenverhalten verändert sich, in: Gablers Magazin, 2. Jg. (1988), Heft 5, S. 33ff.

[58] Vgl. *Wicke, L.:* Plädoyer für ein offensives Umweltmanagement, in: *Pieroth, E./Wicke, L.* (Hrsg.): Chance der Betriebe durch Umweltschutz, Freiburg i. Brsg. 1988, S. 11ff.

Im Gegensatz zum defensiven Umweltmanagement werden Betriebe bei einer vollständigen Anwendung eines offensiven gewinnorientierten Umweltmanagements versuchen, in allen betrieblichen Bereichen und Funktionen die Umweltschutzanforderungen, die vom Staat oder vom Markt ausgehen, in die betrieblichen Abläufe offensiv zu integrieren. Zielsetzung ist es in diesem Zusammenhang nicht nur, diese Anforderungen „nur" zu erfüllen, sondern sie geradezu als betriebswirtschaftliches „Instrument" zu benutzen, um möglichst alle denkbaren Vorteile eines umweltbewußten Verhaltens für den Betrieb zu erhalten. Mit einem „offensiven Umweltmanagement" wird also versucht, sowohl die betrieblichen Ziele, z. B. das der langfristigen Gewinnmaximierung, als auch die Umweltverbesserungsziele gemeinsam zu erreichen. Entscheidet sich die Betriebsführung für ein solches Vorgehen, dann kann sie dies auf den in der Übersicht dargestellten Wegen in praktische Betriebs„politik" umsetzen.

Hier nur drei Beispiele aus den Bereichen des umweltfreundlichen Einkaufs, der umweltfreundlichen Produktion und der umweltfreundlichen Absatzpolitik, bei denen sich umweltbewußtes Verhalten auch betriebswirtschaftlich auszahlt:

- Oft sind umweltfreundliche Produkte kostengünstiger als herkömmliche, (stärker) die Umwelt belastende Produkte. (Beispiele dafür sind unter anderem Kauf von Papierprodukten auf Altpapierbasis, der Kauf von teureren Langzeitleuchtstofflampen mit erheblichen Energie(kosten)ersparnissen und der Einkauf PCB-freier Klebemittel für Plastikprodukte, mit deren Einsatz es möglich wurde, daß ein Verpackungsmittelfabrikant eine nachgeschaltete Abwasserreinigung vermeiden konnte.)
- Umweltbewußte Betriebe können häufig Investitionsgüter (mit integriertem Umweltschutz) erwerben, die gegenüber umwelttechnisch veralteten Anlagen (Stichwort „geschlossene Wasserkreisläufe") teure Rohstoffe wesentlich besser ausgenutzt, Frischwasser und Energie eingespart und die Abwasserabgabenzahlung gesenkt haben. So hat die Daimler-Benz AG in Stuttgart eine praktisch abwasserfreie Galvanik installiert, die 99,95% des eingesetzten Chroms auf die Mercedes-Karosserieteile aufbringt. Dieses neue Verfahren ist so rentabel, daß sich die Anlage in nur sechs Monaten (!)

amortisiert hat! Das heißt, daß die Millionenbeträge für diese Anlage innerhalb nur eines halben Jahres durch Kostenersparnisse wieder an dieses Unternehmen zurückgeflossen sind.

- Angesichts des Trends der bundesdeutschen Verbraucher zu einem immer umweltbewußteren Kaufverhalten dürften beispielsweise Hersteller von Farben und Lacken in der Bundesrepublik Deutschland ihren Umsatz kaum halten können, wenn in ihrem Sortiment nicht auch lösemittelarme oder -freie Farben und Lacke enthalten sind.

Hat der Betrieb (relativ) umweltfreundliche Produkte – seien es Konsum- oder Investitionsgüter – im Sortiment, sollte diese „Produkteigenschaft“ vor allem dann herausgestellt werden, wenn die potentiellen Kunden dies als wichtig erachten oder wenn der Betrieb ein „Bedürfnis“ nach dieser Eigenschaft beim Kunden wecken kann. Die Information über die Umweltfreundlichkeit der Produkte kann durch Werbebotschaften, Informationsblätter und -broschüren usw. oder über die „Auszeichnung“ des Produkts mit Umweltqualitätstestaten, insbesondere mit dem blauen „Umweltengel“ geschehen. Bei letzterem können die Kunden „auf einen Blick“ die (relative) Umweltfreundlichkeit („umweltfreundlich, weil ...“) des Produktes erkennen und entsprechende Kaufentscheidungen treffen.

Die Umweltfreundlichkeit der Produkte kann und sollte – und dies ist insbesondere in der Bundesrepublik bereits deutlich sichtbar – zu einem entscheidenden absatz- und gewinnfördernden Instrument der Absatz„politik“ der Betriebe werden!

Umweltbewußte staatliche Beschaffung

Der Staat selbst kann durch umweltfreundliche staatliche Beschaffung als ein auf manchen Märkten bedeutender bis sehr bedeutender Nachfrager (z.B. auf dem Bau- und Kraftfahrzeugsektor) einerseits direkte Nachfrageimpulse für umweltfreundliche Produkte und Produktionsverfahren auslösen, andererseits über seine Vorbildfunktion indirekt die private Nachfrage auf solche Produkte lenken. Möglichkeiten dazu bestehen dabei auf vielen Gebieten, z.B. bei der Beschaffung umweltfreundlicher Kraftfahrzeuge, Verwendung von asbestfreien Baumaterialien, Bevorzugung von umweltfreundlichen Farben und Lacken (wenig Lösungsmittel, Schwermetallkomponenten etc.), verstärkter Verwendung von Recyclingstoffen wie Müllkompost oder Papier auf Altpapierbasis.[59]

Benutzervorteile für umweltfreundliche Produkte

Aber nicht nur durch direkte Nachfrage, sondern auch durch Einräumung von sogenannten Benutzervorteilen für umweltfreundliche Produkte kann der Staat die Nachfrage in die gewünschte Richtung lenken: Dürfen laute Lkw nicht oder nur zu bestimmten Zeiten – wie in Bad Reichenhall – in bestimmte Gebiete fahren, so ist dies ein Anreiz zum Kauf umweltfreundlicher, leiser Lkw. Das gleiche gilt für die Förderung leiser Rasenmäher oder Baumaschinen, ebenso wie für die Möglichkeit, nur noch für abgasentgiftete Kraftfahrzeuge ab 1986 die bisher zulässigen Höchstgeschwindigkeiten zuzulassen, nichtentgiftete Kraftfahrzeuge hingegen Geschwindigkeitsbeschränkungen zu unterwerfen. Dies gilt auch – für innerstädtische Flughäfen, wie den Flughafen Berlin-Tegel, und ihre Anwohner von höchstem Interesse – für Benutzervorteile für leise Flugzeuge: Weitet man das Nachtflugverbot für laute Flugzeuge z. B. auf 20 bis 8 Uhr aus, wird es für viele Fluggesellschaften interessant, nur noch mit leisen Flugzeugen (der Lärmschutzklasse 3) den entsprechenden Flughafen anzufliegen.

b) Förderung von Umweltschutzvereinbarungen

Umweltschutzvereinbarungen zwischen Wirtschaft und lokal Betroffenen

Umweltschutzvereinbarungen zwischen Wirtschaft und lokal Betroffenen sind eine weitere wichtige marktorientierte Lösung. So läßt das japanische umweltpolitische System den „Präfekturen, Kommunen und Bürgergruppen einen weiten Spielraum, durch direkte Verhandlungen mit Betrieben quasiprivatrechtliche Vereinbarungen über Umweltschutzmaßnahmen zu treffen. In solchen Umweltschutzvereinbarungen ver-

---

[59] Sehr viele Informationen zu dieser umweltfreundlichen staatlichen Beschaffung gibt das „Handbuch umweltfreundliche Beschaffung" des *Umweltbundesamtes* (Hrsg.), 2. Aufl., Berlin 1989.

pflichten sich die Betriebe zu Umweltschutzmaßnahmen, die oftmals weit über die gesetzlichen Anforderungen hinausgehen. Sie haben sich zu einem häufig genutzten Instrument entwickelt, das den kommunalen Behörden eine Möglichkeit bietet, ihre Umweltschutzauflagen auf die jeweils ortstypische Belastungssituation abzustellen. Gleichzeitig bietet es den unmittelbar betroffenen Bürgern eine Handhabe, ihre speziellen Umweltansprüche durchzusetzen".[60]

Solche Verhandlungslösungen zwischen Umweltschädigern und -geschädigten können unter Berücksichtigung der jeweiligen Rechts- und Interessenlage der Beteiligten auch in der Bundesrepublik Deutschland durchaus ökologisch wie ökonomisch sinnvolle Ergebnisse zeitigen:

So schloß Mitte 1984 die Chemiefirma Merck in Darmstadt vor dem dortigen Verwaltungsgericht zur Vermeidung eines längeren Rechtsstreits um die Genehmigung eines Heizkraftwerks und zur Verbesserung des Firmenimages mit der Arbeitsgemeinschaft Umweltschutz und dem Bund für Umwelt und Naturschutz Deutschland einen Vergleich. Darin verpflichtete sich die Firma, den bereits genehmigten maximalen Schwefeldioxidausstoß auf die Hälfte zu senken und außerdem die gemessenen Schadstoffwerte dem Vergleichspartner regelmäßig zur Kontrolle zur Verfügung zu stellen.

Im Gegensatz zu generell gültigen Umweltnormen können solche Vereinbarungen den Einzelfall wesentlich besser berücksichtigen. Sie sind deshalb ein wichtiges ergänzendes umweltpolitisches Instrument, was sich auch darin zeigt, daß allein bis Oktober 1979 in Japan insgesamt 16500 (!) Umweltschutzvereinbarungen abgeschlossen wurden. Damit wurden angesichts der starken Umweltverschmutzung dringend notwendige lokale Entlastungen erreicht, die bei der Einführung ebenso strenger generell gültiger nationaler Normen zu unangemessen hohen Kosten geführt hätten. Hierfür im deutschen Recht bessere Voraussetzungen zu schaffen, erscheint von großer ökologischer wie ökonomischer Bedeutung.

Einer deutlich verbesserten **Umweltberichterstattung** kommt eine ganz große Bedeutung zu. Erst wenn die Bürger richtig

---

[60] *Weidner, H.:* Umweltpolitik in Japan. Erfolge und Versäumnisse, IIUG discussion paper, dp 82 – 4, Berlin 1982, S. 51.

über die tatsächliche Umweltbelastung informiert sind, werden sie entsprechend ihren eigenen Vorstellungen in die Verhandlungen mit den Umweltverschmutzern treten und ihre Interessen durchsetzen können. Auch hier kann das japanische „Modell“ wieder hilfreich sein:

- Veröffentlichung der Konzentrations- und ggf. der Emissionsmengenwerte der wichtigsten Genehmigungs- bzw. Erlaubnis- und Bewilligungswerte nach dem Bundesimmissionsschutz- und dem Wasserhaushaltsgesetz. (Publizitätspflicht)
- Messung und Bekanntgabe der Immissionsdaten in Kommunen bzw. Bezirken, ggf. – wie in Tokio – auf elektronischen Anzeigtafeln.
- Recht der Überwachungsbehörden bei (gravierenden) Überschreitungen der zulässigen Werte durch die Emittenten, diese der Öffentlichkeit mitzuteilen (Publizitätsrecht) ebenso wie Unterschreitungen bekanntzugeben.
- Dabei sollte das Telemetersystem, z. B. Messung des Brennstoffverbrauchs, Schwefelgehalt des Brennstoffs, Massenkonzentration von Stickoxiden, Schwefeldioxid im Rauchgas und Staub und Übertragung der ermittelten Daten (ggf. weiterer Schadstoffe) per Standleitung oder per Funk an die Überwachungsbehörden, angewandt werden.

Umweltpolitische Branchenabkommen

Anstelle der Verabschiedung von Gesetzen oder Verordnungen und ihres Vollzuges kann der Staat mit einer bestimmten Branche oder ihren Firmenmitgliedern Abkommen über ein bestimmtes umweltpolitisches Verhalten treffen. Dieses System wurde in Frankreich unter Gewährung von gewissen finanziellen oder sonstigen Vergünstigungen als sogenannte „contrats de branche“ mehrmals und relativ erfolgreich angewendet. Dabei wurde der Gruppe von Emittenten in gewissem Umfang freigestellt, auf welche Weise sie diese Verpflichtungen erfüllen.

In der Bundesrepublik Deutschland werden unverbindliche umweltbezogene Absprachen zwischen Vertretern von Umweltschutzbehörden und einzelnen umweltbelastenden Bereichen bzw. bestimmten Unternehmen ebenfalls als „Branchenabkommen“ bezeichnet. Bekannte Beispiele dafür sind die –

nicht eingehaltene, 1977 angeblich gemachte – Zusage der getränkeabfüllenden Industrien, den Anteil der Einwegabfüllung von Massengetränken nicht weiter zu steigern, und die bis jetzt eingehaltene Zusage der Asbestzementindustrie, den Asbestgehalt in diesen Produkten schrittweise zu senken und schließlich nur noch asbestfreien Faserzement herzustellen.

Sowohl der Abschluß solcher mehr oder weniger freiwilligen Branchenabkommen als auch insbesondere seine Einhaltung wird von ggf. schnell einsetzbaren anderen staatlichen umweltpolitischen Instrumenten oder – wie im Falle von Asbestzement – der Befürchtung entscheidender wirtschaftlicher Verluste durch eine fortdauernde öffentliche Diskussion über die Umwelt- und Gesundheitsgefährdung durch Asbest außerordentlich begünstigt.

c) Unmittelbare Aktivierung des Gewinninteresses für den Umweltschutz

Bei diesen marktorientierten Instrumenten handelt es sich um Umweltabgaben, Umweltlizenzen/-zertifikate, flexible nachträgliche Anordnungen und um die obligatorische Umwelthaftpflichtversicherung.

Umweltabgaben

Das bekannteste und in vielen Variationen in verschiedenen Ländern schon angewandte marktorientierte umweltpolitische Instrument sind die Umweltabgaben.

Umweltpolitisch motivierte Abgaben können zum einen die Aufgabe haben, bestimmte Umweltschutzmaßnahmen zu finanzieren, wie das bei dem sogenannten „Waldpfennig"-Vorschlag (Abgabe auf jede Kilowattstunde Strom) von Nordrhein-Westfalen zur Finanzierung der Abgasentgiftung von Kraftwerken der Fall ist. Eine solche Finanzierungsabgabe hat nur marginale Anreizwirkungen für die Umweltentlastung (die Strombezieher können kaum ausweichen), und sie muß deshalb als eine verdeckte Umweltschutz-Finanzierungssteuer bezeichnet werden.

Bei Anreizabgaben zahlen hingegen diejenigen, die Schadstoffe abgeben oder Produkte herstellen bzw. verwenden, die weniger schadstoffintensiv sind oder eingesetzt werden könnten, pro Einheit Schad- oder Problemstoff einen bestimmten

Betrag als Abgabe. Diesen Umwelt-Kostenfaktor kann man vermeiden oder reduzieren, wenn die Produktionsverfahren oder Produkte so beschaffen sind, daß sie einen bestimmten Zielwert unterschreiten oder gar ein Nullemissionswert erreicht wird, bzw. indem man die abgabenbedeutsamen Produkte nicht oder wenig einsetzt. Soweit die Abgabe nicht vermieden und deshalb gezahlt wird, ist sie gleichzeitig ein Instrument zur „Internalisierung externer Kosten", d.h. ein Ausgleich dafür, daß durch Produktion und Konsum der Gesellschaft umweltbezogene Schäden oder Beeinträchtigungen auferlegt werden.

Durch Abgaben erhält die Umweltnutzung einen Preis, und solange die Abgabe gezahlt werden muß, entsteht – abhängig von der Höhe der Abgabe je Schadeinheit – ein größerer oder kleinerer Anreiz, die Umweltbelastungen zu reduzieren. Es hat sich gezeigt, daß auch rein rechnerisch zu niedrige Abgaben wichtige Impulse zur Umweltverbesserung auslösen können.

Obwohl allgemein erkannt worden ist, daß die Höhe der Abwasserabgabe in der Bundesrepublik Deutschland im Vergleich zu den Kosten der Abwasserreinigung (viel) zu gering ist, hat allein die Tatsache der Abgabenerhebung (in Verbindung mit den Vorschriften des Wasserhaushaltsgesetzes) die Unternehmen in erheblichem Umfang angeregt, über kostengünstige Reduzierungs- und Vermeidungsmaßnahmen von Abwasserschadstoffen nachzudenken. Dabei sind in vielen Fällen auch betriebswirtschaftlich rentable innovatorische Impulse für material-, wasser- und energiesparende Rationalisierungen ausgelöst worden. Umweltabgaben sind auch denkbar und in einigen Staaten auch bereits angewendet worden zur Lärmbekämpfung, zur Luftreinhaltung und zur Verminderung oder schadlosen Beseitigung von Abfällen.

Neben der Tatsache, daß durch die Anreizfunktion der Abgabe immer ein Impuls zur Reduzierung von Umweltbelastungen zwecks Reduzierung der Abgabenzahllast entsteht, sehen die Ökonomen den Hauptvorteil von Umweltabgaben in der Tatsache, daß über die Abwägung „zahle oder reduziere" immer diejenigen Reduzierungsmaßnahmen angeregt werden, die am kostengünstigsten sind. Bei sehr teuren Umweltschutzmaßnahmen wird die Abgabe gezahlt, bei billigeren

Maßnahmen wird hingegen über die angestrebte durchschnittliche Schadstoffreduzierung hinausgegangen. Damit wird das jeweils mit einer bestimmten Abgabenhöhe und -ausgestaltung erreichbare Emissionsminderungsziel auf die kostengünstigste Art und Weise realisiert.

Problematisch ist allerdings, daß man aufgrund der Unkenntnis der tatsächlichen Kostenstruktur der Emissionsvermeidung nicht prognostizieren kann, wie hoch die durchschnittliche Vermeidung sein wird. Außerdem kann selbst mit einer gesamtwirtschaftlich richtig dosierten Abgabe nicht garantiert werden, daß in Belastungsschwerpunkten mit hohen Emissionen die Umweltbelastung auf das tolerierbare Maß herabgesetzt wird.

Das Ausmaß der umweltpolitischen Zielerreichung mit Umweltabgaben ist also unklar, weshalb Umweltabgaben zumeist – wie auf dem Abwassersektor in der Bundesrepublik Deutschland – nur als Ergänzung zum bestehenden Auflageninstrumentarium eingesetzt werden. Dies wiederum vermindert – infolge des teilweisen Zwanges, auch kostenaufwendige Umweltschutzmaßnahmen durchzuführen – die Kosteneffizienz der Abgaben.

Umweltlizenzen (-zertifikate)

Bei Umweltlizenzen oder -zertifikaten ist hingegen – zumindest theoretisch – sichergestellt, daß eine gewünschte Maximalemission und -immission nicht überschritten wird. Die Umweltbehörde stellt für eine bestimmte Region fest, wie hoch bei einer bestimmten Vorbelastung – z.B. der Luft – die Maximalemission in dieser Region sein darf, damit eine bestimmte Höchstgrenze der Luftbelastung eingehalten wird. Nur in der Höhe der zulässigen Maximalemission werden Umweltlizenzen ausgegeben oder verkauft, und nur im Umfang der gehandelten Umweltlizenzen darf emittiert werden. Liegt die gegenwärtig emittierte Schadstoffmenge sehr viel höher als die angestrebte Maximalmenge, so können auch im Umfang der gegenwärtigen Emission Lizenzen ausgegeben werden. Diese Lizenzen können aber so gestaltet sein, daß sie jedes Jahr an Emissionserlaubnis-Wert verlieren, bis die angestrebte Maximalemission mit diesen „Emissionsminderungs-Lizenzen" verwirklicht ist.

Die Umweltlizenzen können zwischen den einzelnen umweltverschmutzenden Betrieben gehandelt werden, wobei diese die folgenden Alternativen haben:

- Verkauf des wertvollen Umweltverschmutzungsrechts in Form der Lizenzen und Verstärkung der eigenen – kostengünstigeren – Reinigungsleistungen.
- Kauf neuer Umweltlizenzen von anderen Betrieben, da die eigenen Reinigungsleistungen pro Schadeinheit kostenaufwendiger sind als der Kauf dieser Lizenzen.

Auf diese Weise versuchen die einzelnen Umweltverschmutzer, ihre einzelwirtschaftlichen Kosten zu minimieren. Damit werden gleichzeitig in der Volkswirtschaft die insgesamt kostengünstigsten Reinigungsanstrengungen unternommen. Wenn und soweit tatsächlich Schadstoffe nur in Höhe der am Markt befindlichen Umweltlizenzen abgegeben werden, kann andererseits der Staat bzw. die Umweltbehörde – anders als bei Umweltabgaben – sicher sein, daß die politisch vorgegebene Umweltqualität erreicht wird.

Trotz dieser theoretisch bestechenden ökologischen wie ökonomischen Vorteile werden insbesondere auf dem am meisten diskutierten Luftreinhaltebereich Umweltlizenzen von allen Praktikern als untaugliches umweltpolitisches Instrument abgelehnt. Zwar ist das teilweise vorgebrachte moralisierende Argument des „Verkaufs von Umweltverschmutzung" töricht, weil gegenwärtig – nach Erteilung der Genehmigung – zumindest temporär das Recht auf Umweltverschmutzung verschenkt und kein Anreiz zur Reduzierung der Emission ausgeübt wird.

Ebenso dürfte das Argument der Wettbewerbshemmung über den Aufkauf von Lizenzen zwecks Errichtung von Markteintrittsschranken oder des Verdrängens von Mitbewerbern in der Realität ohne große Bedeutung sein (es müßten auch die Lizenzen von Nicht-Wettbewerbern aufgekauft werden).

Allerdings: Der immer wieder genannte Luftreinhaltesektor ist aufgrund seiner ökologischen und rechtlichen Komplexität der denkbar ungeeignetste Bereich, mit der Einführung von Umweltlizenzen zu beginnen. Bisher existiert nach Kenntnis des Autors kein einziges Umweltlizenzsystem im beschriebenen Sinne auf der ganzen Welt! Einfacher strukturiertere Bereiche, wie die Begrenzung der Einwegabfüllung oder des Einsatzes von Fluor-Kohlenwasserstoffen, erscheinen für die Ersterprobung von Umweltlizenzen deshalb wesentlich geeigneter als der Luft- oder der Wasserbereich!

Flexible nachträgliche Anordnungen

Weil die Einführung einer Lizenz-, aber auch einer Abgabenlösung im politischen Prozeß außerordentlich schwierig und zeitraubend ist (erhebliche Widerstände bei Administration, Wirtschaft und Politik), beschreitet man in letzter Zeit stärker den Weg der „Flexibilisierung“ der Auflagenpolitik durch Emissionsminderungsaustausch bzw. sogenannte Kompensationslösungen. Man baut auf dem bestehenden System auf, läßt aber bestimmte zusätzliche Emissionen oder Nicht-Minderungen an einer Emissionsquelle durch andere Emissionsreduzierungen z.B. durch die sogenannte „Glocken-“ bzw. „Blasen-“(bubble-) und die „Ausgleichs-“(offset-)Politik [61] ausgleichen.

Der große Vorteil dieser Kompensationslösungen ist, daß sie auf dem bestehenden – allen Praktikern vertrauten – Auflagensystem aufbauen und dadurch leichter in die praktische Umweltpolitik eingeführt werden können. Will man allerdings auf eine solche marktorientierte Weise in größerem Umfang die bestehenden Altanlagen kostengünstig sanieren, so können mit den nur punktuell einsetzbaren „Glockenlösungen“ als bekannteste Kompensationslösung nur relativ geringe Teilerfolge errungen werden. Deshalb ist vom Autor das – hier nicht näher zu erläuternde – System der flexiblen nachträglichen Anordnungen vorgeschlagen worden.[62] Vom Prinzip erhalten danach alle Altanlagen entsprechend den Zielvorstellungen des Bundesimmissionsschutzgesetz in einem Bezirk nachträgliche Anordnungen, nach denen sie innerhalb eines bestimmten Zeitraumes die in der Technischen Anleitung Luft konkretisierten Emissionswerte entsprechend dem „Stand der Technik“ erreichen sollen. Jährlich muß in diese Richtung ein Emissionsminderungsschritt unternommen wer-

---

[61] Vgl. dazu ausführlich *Wicke, L.:* Umweltökonomie, a.a.O., S. 195–201.

[62] Vgl. ebenda, S. 204ff.

den. Diese bindenden Emissionsminderungsverpflichtungen können aber auch durch den Erwerb von freiwilligen Zusatzminderungen anderer Emissionsquellen ersetzt werden. Bei Einreden infolge wirtschaftlicher Unvertretbarkeit gegen die flexiblen nachträglichen Anordnungen werden Zuschüsse gezahlt. Die wirtschaftliche Unvertretbarkeit wird aber überprüft, und bei Nichtvorliegen müssen die gezahlten Zuschüsse höchstverzinslich zurückgezahlt werden.

Gegenüber dem gegenwärtigen Luftreinhaltezustand tritt an keiner Stelle in dem Bezirk bei Anwendung der flexiblen nachträglichen Anordnung eine Luftverschlechterung auf. Außerdem ist sichergestellt, daß jährlich tatsächliche Emissionsminderungen auftreten und die Einführung dieses Systems keiner oder nur minimaler immissionsschutzrechtlicher Änderungen bedarf. Es handelt sich damit um eine praxisnahe, schnell einsetzbare Lösung, mit der die Altanlagen flexibel und auf kostengünstige Weise saniert werden können, weil die relevanten Vorzüge der Emissionsminderungslizenz- und der Glockenlösung im System der flexiblen nachträglichen Anordnung enthalten sind.

Einführung risikogestaffelter Umwelthaftpflichtversicherungen

Die Grundgedanken der Einführung einer obligatorischen risikogestaffelten Umwelthaftpflichtversicherung sind in der Regierungserklärung von Bundeskanzler *Helmut Kohl*, aber auch in der Koalitionsvereinbarung zwischen CDU/CSU und der FDP sehr knapp, aber treffend wiedergegeben: „Die geplante Einführung einer obligatorischen Umwelthaftpflichtversicherung stärkt das Verursacherprinzip und das wirtschaftliche Eigeninteresse der Unternehmen an einer Risikominderung (Prämienhöhe orientiert sich am Gefährdungspotential). Wer eine sichere Anlage betreibt, wird niedrige Prämien bezahlen. Durch die Umwelthaftpflichtversicherung wird gleichzeitig sichergestellt, daß die Geschädigten auch wirklich an ihr Geld kommen."

Sinn dieser Forderung nach einer obligatorischen Haftpflichtversicherung ist – um es zu wiederholen – die Vermeidung von Existenzgefährdungen von Betrieben aufgrund eventuell sehr hoher nicht abschätzbarer oder zu erwartender Schadensersatzansprüche. Dagegen soll man sich durch umweltfreundlichere Produkte oder Produktionsweisen oder durch entsprechende Versicherungen schützen können.

Aber auch die Versicherungen werden sich durch sehr hohe Prämien vor eventuellen sehr hohen Haftungsrisiken absichern. Sie werden also die Umweltrisiken des Unternehmens sehr genau prüfen. Über den Anreiz, durch eine umweltfreundlichere Produktion die Versicherungsprämien herabzusetzen, werden dann die sich versichernden Unternehmen ihrerseits erneut zu Umweltanstrengungen veranlaßt.

Die Grundidee der Umwelthaftpflichtversicherung entspricht der einer Feuerversicherung, die nach Feuerrisiken gestaffelt ist und mit der es durch Brandschutzvorrichtungen und -maßnahmen möglich ist, in eine niedrigere Risiko- und Schadensklasse eingestuft zu werden und damit Versicherungskosten sparen zu können. Bei der Umwelthaftpflichtversicherung wird auch die Umweltungefährlichkeit von Produkten und Produktion durch niedrigere Versicherungskosten „prämiert" und damit das Kosteneinsparungs- und Gewinninteresse der Unternehmen unmittelbar für den Umweltschutz mobilisiert.

d. Rechtliche Verbesserungen durch eine verschärfte Umwelthaftung

Eng in Verbindung mit der Umwelthaftpflichtversicherung steht die Verschärfung der Umwelthaftung, die zwar zunächst als eine rein „juristische" umweltpolitische Lösung erscheint, tatsächlich aber erhebliche ökonomische Anreizeffekte auslösen kann und soll: Wer durch eine verschärfte Umwelthaftung bei Umweltunglücksfällen oder auch bei genehmigten, dennoch aber schädlichen Emissionen verschärft haften muß, wird entweder bestrebt sein, existenzielle Unternehmensrisiken (eventueller Bankrott bei hohen Schadensersatzleistungen) oder hohe Umwelthaftpflichtversicherungsprämien zu vermeiden. Dies kann er durch umweltfreundlichere Produktion und Produkte erreichen. [63] Die verschärfte Umwelthaf-

[63] Zu den Möglichkeiten der Verschärfung der Umwelthaftung und auch zu den bereits getätigten Rechtsveränderungen in der Bundesrepublik (Beweislastverschiebung zugunsten des Geschädigten) siehe *Wicke, L.:* Umweltökonomie, a. a. O., S. 221–229.

tung ist eine ganz wichtige Art, das umweltpolitische Verursacherprinzip in die Praxis umzusetzen: In der Sozialen Marktwirtschaft kann jedes Unternehmen viel Geld, gegebenenfalls auch sehr viel Geld verdienen. Es muß andererseits alle Schäden und Risiken, die mit seiner wirtschaftlichen Tätigkeit auch auf dem Umweltsektor verbunden sind, tragen, und zwar unabhängig davon, ob der Schaden durch ein Unglück oder durch behördlich genehmigten, dennoch aber schädlichen „Normalbetrieb" geschieht!

Umweltpolitisch erscheint die Verschärfung der Umwelthaftung insbesondere deshalb notwendig, weil dies die einzige Chance ist, das Problem der vielen zehntausend potentiell gefährlichen Stoffe halbwegs „in den Griff" zu bekommen. Eine noch so starke Aufblähung der Umweltbürokratie könnte nie und nimmer 50000 bis 100000 potentiell umweltgefährliche Stoffe

- bewerten und
- nach Schädlichkeit einstufen,
- ggf. Einschränkungs- oder Verbotsverordnungen entwikkeln und erlassen und dann auch noch
- die Einhaltung der entsprechenden Vorschriften kontrollieren und garantieren.

Solche Verbote und Gebote für sehr viele gefährliche Stoffe sind – mindestens – eine Jahrhundertaufgabe! Das heißt: Dieser (bürokratische) Weg im Schneckentempo behindert notwendige schnelle umweltpolitische Fortschritte. Das heißt gleichzeitig: Nur über die Aktivierung des Eigeninteresses der Produzenten entsprechender Stoffe und ihrer Verwender durch die Gefahr der eventuellen Haftung kann diesem Problem wirkungsvoll begegnet werden.

Es besteht kein Zweifel: Die Verschärfung der Umwelthaftung und die gleichzeitige risikogestaffelte Umwelthaftpflichtversicherung ist der breiteste, alle Bereiche der Umweltbelastung umfassende Ansatzpunkt, um das Eigeninteresse aller am Umweltschutz wesentlich zu stärken. Zu beachten ist auch, daß allein auf diesem Wege das Eigeninteresse an einer weitgehend risikolosen Entwicklung neuer Produkte und Verfahren (Stichwort: Gentechnologie) in ausreichendem Umfang geweckt werden kann.

Diese Kurzdarstellung der wichtigsten marktorientierten

Instrumente der Umweltpolitik zeigt, daß es eine breite Palette einsetzbarer Instrumente gibt. Generell gilt: Marktorientierte oder Auflageninstrumente können und sollen immer nur als Mittel zur Erreichung des umweltpolitischen Zieles, niemals aber „um ihrer selbst willen", d. h. z. B. um des Nachweises einer Regierung willen, daß sie den marktorientierten Umweltschutz ganz besonders vorantreiben will, eingesetzt werden. Es bedarf also jeweils einer vorurteilslosen Prüfung aller möglichen Instrumente nach ökologischen, wirtschaftspolitischen, administrativ-rechtlichen und politischen Kriterien und der anschließenden Entscheidung, welches Instrument am besten zur Lösung des jeweiligen Umweltproblems geeignet ist.[64]

4. Verstärkter Umweltschutz durch eine stärker marktorientierte Umweltpolitik

a) Auflagensysteme sind ökologisch unzureichend

Die in den letzten eineinhalb Jahrzehnten in der Bundesrepublik Deutschland betriebene Umweltpolitik, die hauptsächlich mit polizeirechtlichen Ge- und Verboten betrieben wurde, hat nur in unzureichenden Maße zum Abbau bzw. zur Verminderung der Kosten der Umweltzerstörung geführt. Diese Aussage gilt auch dann, wenn objektiv festgestellt werden kann,

- daß auf Basis dieser Politik die deutsche Industrie seit 1970 zu Umweltschutzaufwendungen von mehr als 200 Milliarden Mark (mit der Wirkung erheblicher Umweltverbesserungen) veranlaßt worden ist,
- daß beachtliche Erfolge bei der (relativ problemlosen) Abfallentsorgung, der Abwasserreinigung und auch bei der Senkung der Luftemissionen und -immissionen erzielt worden sind und
- daß das polizeirechtliche Instrumentarium auf dem Gebiet der Luftreinhaltung durch die Großfeuerungsanlagen-Verordnung mit klaren Vorgaben zur Entschwefelung (und

[64] Zur Auswahl der umweltpolitischen Instrumente vgl. den entsprechenden Abschnitt in *Wicke, L.:* Umweltökonomie, a. a. O., S. 398–423.

Entstickung) insbesondere der Kraftwerke einen wichtigen Wirkungs-Sprung nach vorn gemacht hat.

Dennoch:

- Am großflächig kranken und zum Teil sterbenden Wald,
- an den Gefahrenpotentialen durch krebserregende Stoffe im Wasser und in den Sedimenten der Flüsse und Seen,
- an der Gefährdung des Grundwassers,
- an der Lärmbelästigung der Hälfte aller Bundesbürger sowie
- an den „Altlasten“ der früher mehr oder weniger wilden Müllkippen und auf industriellen Standorten und Ablagerungen

dokumentiert sich, daß die Anstrengungen mit polizeirechtlicher Umweltpolitik auf so gut wie allen Gebieten des Umweltschutzes trotz guten Willens und außerordentlich großer finanzieller Aufwendungen (über 300 Milliarden Mark von den öffentlichen Händen und der Privatwirtschaft seit 1970) nicht ausgereicht haben. Die in der „Ökologischen Schadensbilanz“ ermittelten über 100 Milliarden Mark jährlicher Kosten der Umweltbelastung in der Mitte der achtziger Jahre in der Bundesrepublik Deutschland unterstreichen dieses Faktum nachdrücklich (vgl. Abschnitt IV.D.2).

b) Stärkere Realisierung des Vorsorgeprinzips durch Aktivierung des Eigeninteresses

Deshalb kann aus der Sicht der Autoren die Lehre aus knapp 20 Jahren polizeirechtlich geprägter Umweltpolitik der Bundesrepublik Deutschland mit dem großflächigen Waldsterben als deutlichstem Indikator für eine zu geringe Wirksamkeit dieser Politik nur heißen: Neben Anstrengungen, die Auflagenpolitik – wie bei der Großfeuerungsanlagenverordnung geschehen – deutlich in ihrer Wirksamkeit zu verbessern, muß vor allem das in der Umweltpolitik immer wieder betonte Vorsorgeprinzip durch Aktivierung des Eigeninteresses aller für den Umweltschutz wesentlich konsequenter als bisher verwirklicht werden. Es genügt nicht, sich bei prioritären Zielen der Umweltpolitik – wie das lange Zeit auf dem Luftreinhaltesektor der Fall war – auf ein Minimum an Umweltschutz, wie der Verwirklichung des Standes der Schadstoffminderungstechnik bei Neuanlagen zu beschränken. Benötigt wird vielmehr eine umweltpolitische Sicherheitsmarge, damit ein umweltpolitisches Fiasko, wie der kranke oder sterbende Wald, nicht noch einmal – möglicherweise auf dem Gesundheitssektor – eintreten kann. Es ist keineswegs sicher, daß Umweltkatastrophen sich immer zuerst bei der Vegetation oder an sterbenden Tieren (z.B. an Robben) zeigen. Auch gesundheitsgefährdete Menschen können – wie dies bei Smogsituationen und bei Atomkatastrophen bereits jetzt zum Teil der Fall ist – die ersten „Indikatoren" von Umweltkatastrophen sein. Die Forderung nach einer verstärkten Verwirklichung des umweltpolitischen Vorsorgeprinzips heißt dann – dargestellt am Beispiel der Verwendung von asbesthaltigen Stoffen: Wenn nachweislich bei höheren Konzentrationen an Asbeststaub Todesfälle auftreten und ein Schwellenwert der Ungefährlichkeit nicht ermittelt werden kann, dann muß – wie dies inzwischen bei Asbest-Zementprodukten der Fall ist – alles daran gesetzt werden, daß dieses Gefahrenpotential beseitigt wird. Zwar kann man sich weder vor allen umweltbezogenen noch sonstigen Risiken des Lebens schützen, doch da, wo klare Risikopotentiale vorhanden sind, sollten diese soweit dies irgendwie vertretbar ist, beseitigt oder verkleinert werden.

c) Marktorientierte Impulse für mehr Umweltschutz

Die überwiegend betriebene Auflagenpolitik hat tatsächlich viel zu wenig Impulse zur Verringerung der Umweltrisiken gegeben. Sie hat im Gegenteil in weiten Bereichen den Anreiz gegeben, weniger statt mehr für den Umweltschutz zu tun. Mit anderen Worten: Bei den meisten umweltrechtlichen Regelungen sind keine entscheidenden Impulse zur Verminderung der Umweltbelastung „eingebaut".

Dies soll am Beispiel der Luftreinhaltung dargestellt werden: Hat ein Unternehmen die Genehmigungsvoraussetzung – Verwirklichung des Standes der Technik – bei seiner Anlage erfüllt und deshalb die Genehmigung erhalten, aufgrund derer es z.B. pro Jahr bei Normalauslastung 20000 Tonnen Stickoxid in die Luft emittieren kann, so konnte das Unternehmen dies in der Praxis zumeist bis zum Ende der Lebensdauer der Anlage tun. Zwar konnte die Genehmigungsbehörde versuchen, bei Fortentwicklung des Standes der Schadstoffreduzierungstechnik, dem Unternehmen eine „nachträgliche Anordnung", z. B. eine Begrenzung der Emission auf 10000 Tonnen pro Jahr aufzuerlegen. Mit dem Hinweis auf die schwer nachprüfbare wirtschaftliche Unvertretbarkeit gelang es jedoch in der Regel jedem Unternehmen – zumindest auf Zeit –, dieser nachträglichen Anordnung zu entgehen. Überspitzt, aber dennoch im Grunde treffend ausgedrückt, bedeutet dies: Nach Erfüllung der Genehmigungsvoraussetzungen hat die Genehmigungsbehörde das Recht auf Verschmutzung der Luft in Höhe von 20000 Tonnen jährlich für die Lebensdauer der Anlage verschenkt.

Bei Großfeuerungsanlagen ist dieser umweltpolitisch fatale Zustand durch die entsprechende Verordnung geändert worden: Bis 1989 wurde die Mehrzahl der Kraftwerke „entschwefelt" und zum Teil „entstickt". Durch die 1986 durchgeführte Änderung des Bundes-Immissionsschutzgesetzes und der Technischen Anleitung (TA) Luft wird angestrebt, daß im Regelfall die Alt-Anlagen nach fünf Jahren auf den Stand der Reinigungstechnik von Neuanlagen liegen werden. Tatsächlich wird dies nur in begrenztem Umfang gelingen. Der Hinweis auf die „Unverhältnismäßigkeit" der Anordnung oder auf (angeblich) auftretende Arbeitsplatzverluste verhindert nach wie vor sehr oft wirksame Maßnahmen oder zieht lange Rechtsstreitigkeiten nach sich! (Außerdem kommen die Aufsichtsbehörden bei diesem komplizierten System zum Vollzug dieser Auflagen aufgrund ihrer Überlastung mit den Anordnungen nicht nach!)

Prinzipiell hat das Unternehmen auch nach den letztgenannten Novellierungen keinerlei Veranlassung – mit Ausnahme eines positiven Imageeffekts –, freiwillig mehr zu tun, solange Emissionsminderungen kostenträchtig sind.

Der ökonomische Anreiz des Bundesimmissionsschutzgesetzes und aller anderen auflagenbezogenen Umweltgesetze besteht grundsätzlich überwiegend darin, den Behörden nachzuweisen, daß aus technischen oder wirtschaftlichen Gründen Umweltverbesserungen nicht realisiert werden können.

Horst Siebert drückt dies so aus: „Folgt man *Schumpeter*, ist es Aufgabe des Unternehmens, neue technische Kombinationen durchzusetzen. Nach der TA Luft fällt ihm aber die Aufgabe zu, die Nichtdurchführbarkeit neuer technischer Lösungen beweisen zu müssen!"[65] Dies widerspricht klar erkennbar dem System einer auch ökologisch orientierten Sozialen Marktwirtschaft.

Die Erkenntnis über diesen Konstruktionsfehler der Luftreinhalte- und vieler anderer umweltpolitischer Vorschriften führte zu folgender Aussage in der Regierungserklärung vom Mai 1983: „Das eigene Interesse der Wirtschaft am Umweltschutz muß gestärkt werden. Umweltfeindliche Produktionsverfahren dürfen sich nicht lohnen. Umweltfreundliches Verhalten muß sich auch wirtschaftlich auszahlen."[66] Das heißt, populär ausgedrückt, Umweltschutz soll sich bezahlt machen.

Aus ökologischer Sicht ist die zitierte Aussage der Regierungserklärung also vor allem die Forderung nach dem Einspannen der Haupttriebfeder des marktwirtschaftlichen Systems – dem Streben nach hohem Gewinn und hohem Konsumnutzen – für den Umweltschutz. Mit anderen Worten: Die Forderung nach mehr marktorientiertem Umweltschutz ist gleichzusetzen mit der Zielsetzung der Verwirklichung von mehr Umweltschutz, der aus den Gründen der sehr positiven Nutzen-Kosten-Verhältnisse sinnvoller Umweltschutzmaßnahmen und der hohen Kosten der Umweltbelastungen auch aus ökonomischen Gründen erforderlich ist.

5. Kostenreduzierungen und Wachstumsförderung durch marktorientierten Umweltschutz

Die Umweltpolitik sollte so gestaltet werden, daß die Umweltschutzmaßnahmen an den kostengünstigsten Stellen ansetzen: Mit den eingesetzten Mitteln soll ein Maximum an Umweltverbesserung realisiert werden. Dies läßt sich durch eine stärker marktwirtschaftlich geprägte Umweltpolitik am besten verwirklichen. Dieser Aspekt stand lange Zeit im Mittelpunkt der umweltpolitischen Diskussion. Auch wenn – wie ausgeführt – inzwischen die ökologischen Umweltverbesse-

---

[65] *Siebert, H.:* Voerde und eine neue Umweltpolitik, in: Wirtschaftsdienst, Bd. 58 (1978), S. 39.

[66] Presse- und Informationsamt der Bundesregierung: Regierungserklärung von Bundeskanzler Helmut Kohl: Programm der Erneuerung, Freiheit, Mitmenschlichkeit und Verantwortung. Bulletin Nr. 43 vom 5. Mai 1983, S. 404.

rungsgründe in dieser Diskussion als dominant bezeichnet werden müssen, sprechen auch rein ökonomische (Kostenersparnis-)Gründe dafür, weshalb die Umweltpolitik dringend mehr flexiblere und marktorientierte Lösungen benötigt.

Zwar sind manche Auflagen nach gewissen ökonomischen Kriterien differenziert. Überwiegend wird aber dennoch im Umweltschutz mehr oder weniger nach dem „Rasenmäherprinzip" vorgegangen: Unabhängig von den Kosten der Reduzierung einer Emissionseinheit sind die Reduzierungsverpflichtungen und die Grenzwerte relativ einheitlich gestaltet. Auch und gerade aus ökologischen Gründen wäre es aber wünschenswert, die Minderungsmaßnahmen verstärkt zu denjenigen Emissionsquellen zu verlagern oder sie dort anzureizen, wo Umweltschutz besonders billig ist.

Dazu ein Beispiel aus der Mineralölwirtschaft: Mit einer Entschwefelungsanlage einer modernen Raffinerie können mit zwei Reaktoren etwa 95 Prozent des Schwefeldioxids herausgefiltert werden. Will man den Entschwefelungsgrad um ein Prozent auf 96 Prozent steigern, steigen die Baukosten für einen dritten Reaktor um 20 Prozent. Nun läßt sich mit einer zusätzlichen nachgeschalteten Reinigungsanlage die Umweltbelastung noch weiter auf 98,5 Prozent Entschwefelung verbessern. Damit aber verdoppeln sich bereits die Baukosten für die Umweltschutzanlage. Soll die Raffinerie aufgrund staatlicher Anordnungen gar 99,5 Prozent erreichen, muß schließlich sogar mit den dreifachen Investitionsaufwendungen gerechnet werden. Das heißt: Um bei einer einzelnen Anlage 4,5 Prozent mehr Schwefeldioxid aus den Abgasen herauzufiltern, könnte man mit dem gleichen Aufwand dafür sorgen, drei andere Anlagen überhaupt erst einmal zu 95 Prozent zu entschwefeln und damit im Extremfall die dreißigfache Menge an Schwefeldioxid aus den Abgasen zu entfernen!

Wird dieser Kostensachverhalt nicht berücksichtigt, bedeutet das nicht nur Nachteile wegen geringerer als möglicher Umweltverbesserung, sondern man bietet geradezu einen Anreiz für die betroffenen Unternehmen, sich auf die „wirtschaftliche Unvertretbarkeit" oder die „Unverhältnismäßigkeit" einer nachträglichen Anordnung zu berufen. Denn dann ist Umweltschutz – wirklich unnötigerweise – viel teurer, als er sein müßte: (Berechtigter) Widerstand oder langwierige

Rechtsstreitigkeiten bis zu den höchsten Gerichtsinstanzen, und das heißt zugleich temporäres Nichtstun, und keine Entlastung der Umwelt würden die Folge sein.

Die möglichen Kostenersparnisse durch flexiblere marktwirtschaftliche Lösungen im Umweltsektor können – Ausgangspunkt recht geringe durchschnittliche Reinigungsleistungen – sehr groß sein: Der Rat von Sachverständigen für Umweltfragen hat 1974 errechnet, daß eine Abwasserabgabe, durch die kommunale Abwässer im Durchschnitt zu 75 Prozent gereinigt werden, um ein Drittel billiger ist als eine Umweltauflage, bei der nach dem „Rasenmäherprinzip" jeder Kläranlage ein 75prozentiger Reinigungsgrad vorgeschrieben wird. Pro Jahr können bei solchen relativ niedrigen Anforderungen eine halbe Milliarde DM in der Bundesrepublik Deutschland gespart oder wesentlich mehr Kläranlagen gebaut werden.

In den RGW-Ländern und in der DDR ist der Umweltschutz in vielen Bereichen bisher nur sehr begrenzt an den Stand der Technik der Emissionsminderung herangeführt. Wenn hier nach dem Schwerpunktprinzip mit marktorientierten Instrumenten des Umweltschutzes herangegangen wird, dann muß man wegen des großen Nachholbedarfs unbedingt darauf achten, daß man zunächst an den kostengünstigsten Stellen und nicht gleich mit „perfekten" Lösungen beginnt: Es wird häufig sehr viel sinnvoller sein, z. B. bei vielen Braunkohlekraftwerken mit einer Teilentschwefelung von z. B. 60% zu beginnen, dieses bei sehr vielen Kraftweken zu tun, um damit schnell einen substantiellen Beitrag zur Senkung der viel zu hohen Schwefeldioxidemissionen, zu leisten, anstatt an einem oder zwei Kraftwerken mit sehr viel höheren Kosten den Schwefeldioxidausstoß um z. B. 90 oder gar 95% zu reduzieren!

Anders sieht es in vielen marktwirtschaftlich Länder, z. B. der Bundesrepublik Deutschland aus: Bei den heute zumeist gültigen wesentlich höheren durchschnittlichen Reinigungsleistungen (sie liegen weit über 90%!) sind die möglichen Kostenreduzierungen wesentlich niedriger. Denn dabei müssen auch kleine, kostenungünstigere Anlagen hohe Reinigungleistungen erbringen und kostenaufwendig installiert werden. Deshalb treten im Regelfall große Kostenunterschiede zwischen den verschiedenen Anlagen – der Grund für die Ersparnisse (d. h. Mehrleistung bei kostengünstigen Anlagen, Minderreinigung bei kostenungünstigeren, zumeist kleineren Anlagen) – nicht mehr auf.

Auch wenn deshalb die Kostenvorteile durch marktorientierte umweltpolitische Instrumente in der Realität der westlichen Länder sehr oft nicht mehr spektakulär groß sein werden: Mit marktwirtschaftlichen Lösungen kann man also nicht nur einen Anreiz geben, aus Eigeninteresse mehr zu tun, sondern gleichzeitig werden auch die kostengünstigsten Umweltschutzmaßnahmen angeregt. Erst dadurch können viele Umweltschutzmaßnahmen in der (wirtschaftspolitischen) Realität durchgesetzt werden. Außerdem können die Umweltschutzkosten deutlich reduziert oder für die gleichen Kosten kann wesentlich mehr Umweltschutz realisiert werden. Anders ausgedrückt: Wenn mehr Markt im Umweltschutz aus ökologischen Gründen gefordert und durchgesetzt wird, wird zumeist auch ein ökonomischer, d. h. effizienterer Umweltschutz realisiert und damit werden gleichzeitig bessere Voraussetzungen für mehr Umweltschutz geschaffen.

Außerdem können durch stärkeren Einsatz von marktorientierten umweltpolitischen Lösungen auch die Wachstumsbedingungen der Wirtschaft verbessert und damit auch die Meinung korrigiert werden, daß Wirtschaftswachstum und eine Verbesserung der Umweltsituation prinzipiell konträre Ziele seien.

Wenn die Umweltnutzung einen Preis bekommt und damit Umweltverschmutzung zu teuer und zu einem Kosten- und Ertragsfaktor im Betriebsprozeß wird, wird sich dadurch quasi automatisch die Wirtschaft auf umweltfreundlichere Produkte und Produktionsverfahren umstellen bzw. stark umweltbeeinträchtigende Aktivitäten sogar einstellen. Der sich laufend vollziehende Umstellungs- und Umstrukturierungsprozeß der Wirtschaft wird dadurch umweltbezogen positiv beeinflußt.

Wesentlich stärker als mit Auflagen, die sich zumeist an den vorgefundenen technischen Lösungen orientieren, wird – wie bereits angedeutet – durch marktorientierende Anreize im Umweltschutz der Erfindergeist und die Innovationskraft der Wirtschaft für neue effiziente Lösungen angeregt, weil man dann durch Umweltschutzmaßnahmen das Betriebsergebnis, das heißt den Gewinn verbessern kann. Dies führt neben umweltbezogenen Kostenersparnissen oder Ertragssteigerungen häufig auch zu rein betriebswirtschaftlich positiven Ergebnissen. So wurden unter anderem durch die Einführung der Abwasserabgabe – wie bereits erwähnt – in den galvanotechnischen Betrieben (beschleunigt) sogenannte geschlossene Wasserkreisläufe mit einem deutlich verminderten Ausstoß von hochgiftigen Metallverbindungen eingeführt. Dies zog zunächst eine Verminderung der Abwasserabgabenzahlung nach sich. Gleichzeitig wurden aber auch die Kosten des Produktionsprozesses durch Einsparung von Frischwasser, Energie und Metallen gesenkt.

Wären die Kraftfahrzeugsteuern nach der Umweltverträglichkeit der Kraftfahrzeuge, z.B. nach Lautstärke, gestaffelt, oder müßten die Kraftfahrzeughersteller bei Überschreitung eines bestimmten Lärmhöchstwertes z.B. pro 1 dB(A) Zielüberschreitung 50 oder 100 DM bezahlen, so würden viele Automobilhersteller zur verstärkten Lärmdämmung ihrer Fahrzeuge übergehen. Jede Minderung, die pro dB(A) billiger als 50 oder 100 DM ist, würde sich dann in Form erhöhten Gewinns in der Gewinn- oder Verlustrechnung niederschlagen.

So wurden durch Umweltschutzvorschriften und -anregungen neue Motorkonzepte entwickelt, die nicht nur zur Lärmminderung (durch Hubraumerhöhung und Drehzahlminderung) sondern auch zur Senkung des Schadstoffausstoßes und des Benzinverbrauchs führten. Eine intelligente, marktorientierte Umweltpolitik, die verstärkt mit Anreizen arbeitet, sorgt also für einen möglichst kostengünstigen, ggf. sogar für einen gewinnbringenden Umweltschutz, wodurch unter größtmöglicher Schonung von Wirtschaft und Verbrauchern die Umweltqualität stärker verbessert werden kann.

6. Stärkung der marktwirtschaftlichen Ordnung durch eine marktorientierte Umweltpolitik

Neben den ökologischen und ökonomischen Vorteilen einer stärker marktorientierten Umweltpolitik kommt hinzu, daß durch eine solche Umweltpolitik das ordnungspolitische System der Sozialen Marktwirtschaft gestärkt wird.

Nach *Alfred Müller-Armack* paßt sich ein wirtschafts-, hier umweltpolitisches Instrument dann nahtlos in das System der „Sozialen Marktwirtschaft" ein, wenn es „den sozialen Zweck (hier das umweltpolitische Ziel) sichert, ohne störend in die Marktapparatur einzugreifen".

Die bisherige Luftreinhaltepolitik in der Bundesrepublik Deutschland mit detaillierten Auflagen, die z.B. in einem extrem komplizierten und bürokratischen Genehmigungs- und Vollzugsverfahren durchgesetzt werden müssen, hat trotz nicht verkennbarer Emissionsminderungserfolge – leider – das umweltpolitische Ziel „Erhaltung unserer Waldbestände" nicht erreicht, und außerdem wurde und wird sehr störend in die Marktapparatur eingegriffen!

Das heißt andererseits selbstverständlich nicht, daß der Staat sich aus der umweltpolitischen Verantwortung zurückziehen soll. Es müssen im Gegenteil klare umweltpolitische Ziele als „Sozialer Rahmen" vorgegeben werden; diese können und sollen aber auf kostengünstige Weise durch flexible marktwirtschaftliche und das Eigeninteresse stimulierende Instrumente durchgesetzt werden.

Marktorientierte umweltpolitische Instrumente wie Umweltabgaben, Lizenzen, umweltpolitische Branchenvereinbarungen usw. lassen den Unternehmen in gewissem Umfang die Freiheit, ob, wieweit und an welcher Stelle sie Umweltschutzmaßnahmen vornehmen wollen. Diese Instrumente greifen deshalb – und weil die Kosten relativ niedrig gehalten werden – viel weniger störend in die Marktapparatur ein. Außerdem kann mit ihnen – sofern sie auf das jeweilige Umweltproblem richtig zugeschnitten, dosiert und eingesetzt sind – das umweltpolitische Ziel „Mehr Umweltschutz" sehr wirksam realisiert werden. Auf diese Weise kann gleichzeitig aber auch das Vertrauen in das marktwirtschaftliche Wirtschaftssystem gestärkt oder wiederhergestellt werden.

Von vielen werden Gewinnstreben, marktwirtschaftliches System und Umweltzerstörung gleichgesetzt. Wenn in diesem System aber nachgewiesen wird, daß durch den Einbau von marktwirtschaftlichen Elementen in die Umweltpolitik die Umwelt wirksam verbessert wird, können zumindest diese Vorbehalte gegen die Soziale Marktwirtschaft abgebaut, wenn nicht sogar beseitigt werden.

7. Der Beitrag marktorientierter Instrumente zur Entbürokratisierung

Marktorientierte Instrumente können – richtig angewandt – zu einer deutlichen Entbürokratisierung der Umweltpolitik führen. Auch wenn dies nicht generell der Fall ist, so gibt es eine große Zahl von Beispielen für diese Aussage:

- Bei der Einführung eines wirksamen und umfassenden Emissionsabgabesystems, bei dem im Ausmaß des Schadstoffausstoßes Umweltabgaben zu zahlen wären, ließen sich viele zeitraubende und einengende Details beim Genehmigungsverfahren vermeiden! Das Ziel, Abgaben einzusparen, würde den Erfindungsreichtum des Betreibers zur Emissionsminderung sehr anspornen, weshalb die einzuhaltenden Mindesvorschriften bei der Anlagengenehmigung vereinfacht werden könnten.
- Bei Kompensationslösungen zur Altanlagensanierung mit möglichst weiträumigem Austausch von Zusatzminderungen (wer freiwillig wesentlich stärker seinen Schadstoffausstoß reduziert, kann diese Zusatzminderung an andere verkaufen) braucht die Behörde nur noch vorzuschreiben, daß und wieweit gemindert werden muß. Das „Wie" – eigene oder fremde Minderungen und an welcher Stelle – bleibt den Altanlagenbetreibern überlassen.
- Bei der Einführung eines Einweg-Abfüllizenz-Systems von Massengetränken gibt der Staat lediglich vor, welche Getränkegesamtmenge maximal in Einwegbehälter abgefüllt werden darf. Wer welche Getränke in welche Behälter abfüllt, bleibt den Abfüllern selbst überlassen, solange sie genügend Abfüllizenzen besitzen.
- Bei wirksamen Selbstverpflichtungsabkommen, z.B. über die Nichteinleitung von bestimmten wassergefährdenden Stoffen, die bisher noch nicht rechtlich beschränkt wurden, kann man sich einen Wust von detaillierten Rechtsverordnungen, Verwaltungsvorschriften, Erlassen und damit Tausenden von Expertenstunden, Gutachten, Gerichtsverfahren usw. sparen.

Häufig wird argumentiert: Marktorientierte Instrumente seien deshalb besonders bürokratisch, weil der Meß- und Kontrollaufwand recht hoch sein müsse. Richtig ist: Entbürokratisierung mit marktorientierten Instrumenten kann mit Sicherheit nicht den Abbau von Überwachung und Kontrolle bedeuten.

Gleichgültig, ob mit Abgaben, mit Kompensationslösungen oder mit Selbstverpflichtungsabkommen gearbeitet wird: In jedem Fall bedingen diese Lösungen eine recht genaue Überwachung. Durch marktwirtschaftliche Instrumente werden die Unternehmen von allein daran interessiert sein, Abgaben zu sparen, freiwillig zusätzliche Emissionsminderungen zu verkaufen oder zu vermeiden, daß bei Nichteinhaltung des zugesagten umweltpolitischen Wohlverhaltens scharfe staatliche ordnungsrechtliche Instrumente angewandt werden. Allerdings muß dann auch sichergestellt sein, daß nicht etwa Betriebe durch Fehlangaben Abgaben vermindern oder sich unlautere Wettbewerbsvorteile, z.B. durch tatsächlich gar nicht durchgeführte Emissionsminderungen bei solchen flexiblen Regelungen, erhalten können.

D.h.: Verbunden sein mit der Einführung markorientierter Instrumente müssen gleichzeitig bei großen Emissionsquellen kontinuierliche Messungen und bei kleineren Quellen zumindest nachprüfbare Eigenkontrollen, wie das in Baden-Württemberg auf dem Abwassersektor seit Jahren erfolgreich praktiziert wird. Nur auf diese Weise kann das Funktionieren einer stärker marktorientierten Umweltpolitik sichergestellt werden.

Zu beachten ist auch, daß eine gute Überwachung und Kontrolle keinesfalls nur ein Charakteristikum einer marktorientierten Umweltpolitik ist. Auch das in der ordnungsrechtlichen Umweltpolitik beklagte Vollzugsdefizit würde wesentlich verkleinert, wenn die Behörden erst einmal durch verbesserte Überwachung genauer wüßten, was tatsächlich ermittelt wird.

Abgesehen davon: Tatsächlich könnten eine verbesserte Überwachung und Kontrolle, die bei marktorientierten Instrumenten schon wegen der damit verbundenen Anreize eine „conditio sine qua non“ sind, den Anstoß zu einer starken verwaltungsmäßigen Entlastung geben: Würden tatsächlich in wesentlich größerem Umfang automatische, verplombte Meßgeräte an den größeren Emissionsquellen eingebaut als bisher bzw. verstärkt Eigenkontrollverfahren eingeführt, entfielen viele zeitaufwendige und nur stichpunktartige mögliche diskontinuierliche Messungen vor Ort. Auf diese Weise würden die Genehmigungsbehörden entlastet. Andererseits könnte die Öffentlichkeit sicher sein, daß die zulässigen Höchstemissionsmengen bzw. -konzentrationen nicht überschritten werden. Das bedeutet aber gleichzeitig: Auch bei der herkömmlichen ordnungsrechtlichen Umweltpolitik wären solche automatisierten Messungen aus Umwelt- wie aus Gründen der Verwaltungsentlastung außerordentlich sinnvoll. Niemand wird behaupten, daß die kontinuierliche Kontrolle von Atomkraftwerken mit Datenübertragung in das Bayerische Umweltministerium ein Beispiel für eine unerträgliche Überbürokratisierung sei. Auch der Vorwurf, daß

- die Ermittlung der Abgabenhöhe,
- die Aufstellung des Abgabenbescheides,
- der Vergleich der Emissionsmenge mit der gehaltenen Zahl von Emissionszertifikaten oder
- die Kontrolle der Übertragung von Zusatzemissionsminderung bei Kompensationsregelungen

zu einer Bürokratisierung führen, ist im Zeitalter der Computerisierung ein nicht haltbares Scheinargument. In Nordrhein-Westfalen werden die Abwasserabgabenbescheide per Computer errechnet, ausgestellt und abgebucht!

Die meßtechnischen und organisatorischen Hürden für die Durchsetzung von sinnvollen marktorientierten Lösungen der Umweltpolitik sind so niedrig, daß sie relativ leicht überwunden werden können.

8. Ergänzung des ordnungsrechtlichen Instrumentariums durch marktorientierte Instrumente

Die eben gemachten Ausführungen über die Bedeutung marktorientierter Instrumente in der Umweltpolitik bedeuten: Ein auf die jeweiligen Umweltprobleme sinnvoll abgestimmtes Konzept für mehr Markt im Umweltschutz

- wird über die Mobilisierung des Eigeninteresses zu mehr Umweltschutz führen,
- macht Umweltschutz relativ kostengünstiger und damit leichter durchsetzbar und verbessert langfristig die Wachstumschancen,

- stärkt dadurch auch das Vertrauen in das System der „Sozialen Marktwirtschaft", weil es mit seinen Umweltproblemen fertig werden kann und
- führt zur Entbürokratisierung der Umweltpolitik.

Trotz dieser eindeutigen Vorzüge einer marktorientierten Umweltpolitik und des deshalb vorgebrachten Plädoyers für mehr Markt im Umweltschutz sollte allerdings vor einem Trugschluß deutlich gewarnt werden: In der Bundesrepublik Deutschland, aber auch in anderen höher entwickelten Staaten gibt es ein recht weit ausgebautes umweltrechtliches System, in dem sehr viele ordnungsrechtliche Instrumentarien ganz sinnvolle, wenn auch möglicherweise nicht optimale, Instrumente zur Lösung des jeweiligen Umweltproblems sind.

- Aus faktischen Gründen, weil im politischen Prozeß oft relativ sinnvolle und vertraute Lösungen kaum revidierbar sind,
- aber auch aus Praktikabilitäts- (z.B. Meßaufwand),
- aus Umweltschutz- (z.B. Verbot hochgiftiger umweltgefährdender Substanzen) und
- aus sonstigen Gründen

lassen sich viele der Auflagenregelungen kaum ändern. Und außerdem muß immer berücksichtigt werden, daß man in einem fortgeschrittenen Zustand der Umweltpolitik diese zwar mit marktorientierten Instrumenten verbessern und ergänzen, aber nicht wie auf „dem Reißbrett" eine neue Umweltpolitik konzipieren kann – ohne Berücksichtigung der bestehenden rechtlichen, administrativen, politischen und weiteren Gegebenheiten.

Die Forderung nach „mehr Markt im Umweltschutz" kann deshalb nur heißen: Kritische Durchsicht der Regelungen in den wichtigen und kostenträchtigen Bereichen der Umweltpolitik und der bisher nicht bzw. sehr wenig geregelten Bereiche (z.B. Bodenschutz) und Prüfung, ob durch Einbau, Ergänzung oder als Alternative mit flexibleren, ökonomischeren Regelungen mehr Umweltschutz mit relativ geringeren Kosten bei gleichzeitiger Entbürokratisierung möglich ist. Insbesondere bei neu oder verstärkt zu lösenden Umweltproblemen (z.B. Bodenschutz) sollten solche Regelungen ernsthaft in Erwägung gezogen werden.

C. Mehr Arbeitsplätze durch mehr (marktorientierten) Umweltschutz

In der Bundesrepublik Deutschland, aber auch in vielen anderen OECD-Ländern, hat es eine jahrelange Debatte um die Beschäftigungswirkungen des Umweltschutzes gegeben, und es wurde immer wieder von der betroffenen Wirtschaft behauptet, durch Umweltschutz würden in großem Umfang Arbeitsplätze vernichtet. Wie im folgenden gezeigt wird, sind diese Argumente bestenfalls in einigen Einzelfällen von Bedeutung. Die wissenschaftliche und politische Debatte hat eher das Ergebnis aufgezeigt, daß der Umweltschutz per saldo, d.h. über die gesamte Volkswirtschaft gesehen, weniger ein „Jobkiller", sondern sehr viel eher ein „Job-Knüller" ist. Folgerichtig hat sich dann – in einer Phase hoher Arbeitslosigkeit in der Bundesrepublik und in anderen OECD-Ländern – die Diskussion dahin verlagert, daß Vorschläge unterbreitet wurden, wie durch gezielte zusätzliche (marktorientierte) Umweltschutzmaßnahmen ein Beitrag zum Abbau der Arbeitslosigkeit geleistet werden kann. Die wichtigsten Aspekte dieser Diskussion werden im folgenden skizziert.

1. Umweltschutz kein Arbeitsplatz „killer"

Deutlich verstärkte Umweltschutzanstrengungen und damit auch erhöhte Umweltschutzaufwendungen werden – neben dem Nutzen einer verbesserten Umwelt – alle betreffen: Zeitweise erhöhte Steuern oder die Verminderung anderer staatlicher Leistungen, erhöhte Produktionskosten und Preise für umweltfreundlichere Güter und Dienstleistungen und die Inkaufnahme mancher umweltschutzbedingter Unannehmlichkeiten werden die Folge sein. Dies wird nicht nur auf Seiten der Unternehmen Unwillen hervorrufen. Gerade diejenigen Bewohner in der DDR und den anderen RGW-Staaten, die keinen besonders starken Umweltbelastungen ausgesetzt sind, werden fragen, ob angesichts der sonstigen wirtschaftlichen Probleme solche verstärkten Umweltschutzmaßnahmen voll gerechtfertigt sind, und es wird – wie in den westlichen Staaten durch die betroffene Wirtschaft – möglicherweise der Vorwurf der Übersteigerung der Umweltschutzmaßnahmen vorgebracht werden. Dabei werden die bekannten Anti-Umweltschutz-Argumente wie

- Gefährdung oder Vernichtung von Arbeitsplätzen,
- Minderung der Wettbewerbsfähigkeit der Wirtschaft auf den Weltmärkten und
- Beeinträchtigung des aus Beschäftigungsgründen notwendigen Wirtschaftswachstums

die Hauptrolle spielen.

Gerade weil diese Argumente in der öffentlichen Diskussion so wichtig sind und in der Vergangenheit damit oft wirkungsvolle Umweltschutzvorhaben verhindert, reduziert oder verzögert werden konnten, sollten diese Argumente angesichts der in diesem Buch dargestellten riesigen volkswirtschaftlichen Verluste in den östlichen wie in den westlichen Staaten kritisch durchleuchtet werden. Nur wirklich tragfähige Argumente sollten in den Abwägungsprozeß über das Ausmaß des verstärkten Umweltschutzes Eingang finden.

Die schärfste „Argumentationswaffe" gegen (verstärkten) Umweltschutz ist seit langem die Behauptung, durch verstärkten Umweltschutz würden Arbeitsplätze vernichtet; deshalb dürften die Umweltschutzanstrengungen auf keinen Fall verstärkt werden.

Was ist von diesem Argument zu halten? Um es vorweg zu nehmen: Diese Aussage ist in dieser allgemein gehaltenen Form schlicht falsch. Empirische Ergebnisse und auch prinzipielle volkswirtschaftliche Überlegungen beweisen dies.

Zwar ist zunächst zu konstatieren, daß zweifellos aus Umweltgründen bei einzelnen Betrieben Arbeitplatzprobleme, zum Teil auch Arbeitsplatzverluste auftreten. Die Schließung der Chemiefirma Boehringer in Hamburg und die verzögerte Inbetriebnahme des Kraftwerks Buschhaus ohne Rauchgasfilter sind zwei Beispiele für diesen Tatbestand.

Per Saldo aber ist der Umweltschutz keinesfalls ein Arbeitsplatz„killer", sondern sogar ein Arbeitsplatzgarant. Diesen Beweis hat – unfreiwillig – der Bundesverband der Deutschen Industrie in Form eines umweltpolitischen „Eigentors" durch eine beim Info-Institut in Auftrag gegebene Studie erbracht. Die aktualisierten Daten dieser Studie lauten: Inzwischen arbeiten insgesamt 440000 Beschäftigte in der Umweltschutz- und Bauindustrie, bei Betrieben und bei Gebietskörperschaften, in der öffentlichen und in der privaten Entsorgung, im Altstoffhandel und in der Umweltforschung für den Umweltschutz!

Dagegen sind Arbeitsplatzverluste oder zeitweise Nichtbesetzungen, wenn auch im Einzelfall sehr schmerzlich, insgesamt eine sehr kleine Größe. Die „klassischen" Jobkiller-Argumente sind:

- Umweltbedingte Kostenerhöhung und deshalb Betriebseinstellung von sogenannten Grenzbetrieben,
- umweltbedingter Konkurrenznachteil auf den Auslandsmärkten,
- Abwanderung von Betrieben ins Ausland wegen zu hoher Umweltschutzanforderungen,

und als wichtigster Punkt

- der umweltbedingte „Investitions"stau.

Die Quantifizierung der daraus resultierenden Arbeitsplatzeffekte und der Vergleich mit den Umweltschutzbeschäftigten beweisen, daß es ohne Umweltschutz deutlich mehr Arbeitslose gäbe.

Im übrigen: Wenn einige Betriebe gefährliche „Dreckschleudern" sind und außerdem die z.T. beträchtlichen Kosten der Umstellung auf umweltfreundlichere Produktionsweisen nicht tragen können (Beispiel Boehringer), ist das ein „klassischer" Fall der problematischen Auswirkungen des Struktur- und Präferenzwandels in der Volkswirtschaft.

Heute werden infolge geänderter Nutzvorstellungen (Präferenzen) und damit geänderten Nachfrageverhaltens Nylonstrumpfhosen Wollstrümpfen vorgezogen und vor allem deshalb ist die Wollstrumpffabrikation stark zurückgegangen. Dies ist die ganz natürliche Folge des permanent vorhandenen Strukturwandels aufgrund anderen Nachfrage- oder Angebotsverhaltens. Farbfernseher verdrängen Schwarzweißgeräte, Digitaluhren mechanische Uhren, computergesteuerte Werkzeugmaschinen und Drucktechniken die herkömmlichen Maschinen und Techniken.

Auch auf dem Umweltsektor gibt es eine solche Nachfrageverschiebung infolge eines gestiegenen Umweltbewußtseins und eines höheren materiellen Lebensstandards, der die wichtigen immateriellen Werte des Lebens, z.B. eine gesunde Umwelt, in der Bedürfnisskala nach oben rücken läßt. Allerdings kann diese gestiegene Nachfrage nach den immateriellen Gut „gesunde Umwelt" in weiten Bereichen nur durch den Staat und seine umweltpolitischen Aktivitäten befriedigt werden. Nur in Ausnahmefällen führt bisher der gestiegene Wunsch nach einer besseren Umwelt über eine erhöhte private Nachfrage zu einer umweltverbessernden Aktivität (z.B. in Urlaubsgebieten durch verstärkte Reinhaltung von Seen). Im Regelfall müssen durch staatliche umweltpolitische Maßnahmen die gestiegenen Präferenzen der Bevölkerung nach „besserer Umwelt" durchgesetzt werden.

Auch auf dem Werft-, Bau-, Stahl-, Textil- und dem Fischereisektor erleben wir die Folgen des Strukturwandels. Auf dem Umweltsektor ist es nicht viel anders: Entweder die stark emittierenden Betriebe bzw. die Betriebe mit umweltunfreundlichen Produkten können dem durch staatliche Aktivitäten Nachdruck verliehenen, verstärkten Bedürfnis nach sauberer Umwelt in der Produktion und/oder Produkten entsprechen, oder sie müssen durch andere, umweltfreundlichere Produktionsstätten ersetzt werden. Wenn an einem Standort die Kohle im Boden ausgeht oder wenn wegen Überfischung kaum noch Fische gefangen werden können oder der Bedarf nach Bauleistungen sehr stark zurückgeht, dann wird das als sehr bedauerlich, aber irgendwie unvermeidbar hingenommen. Wenn aber an einem Standort der Bevölkerung die „gute Luft" auszugehen droht, weil ein Betrieb seine Emissionen nicht senkt und deshalb stillgelegt werden muß, wird laut „Jobkiller Umweltschutz" gerufen!

Aber unabhängig davon: Wie bereits gesagt, gegenwärtig stehen 440000 Umweltschutzarbeitsplätzen in der Bundesrepublik Deutschland einige wenige Tausende aus Umweltschutzgründen verlorene, gefährdete oder zeitweise nicht besetzte Arbeitsplätze gegenüber! D.h.: Das Jobkiller-Umweltschutz-Argument ist ein Ammenmärchen! Selbst wenn dies nicht so wäre, gäbe das Jobkiller-Umweltschutz-Argument angesichts der riesigen Kosten der Umweltzerstörung und der sehr guten Nutzen-Kosten-Relation von wirkungsvollen Umweltschutzmaßnahmen dennoch kein Argument gegen verstärkten Umweltschutz her. Wirkungsvoller Umweltschutz muß auch dann betrieben werden, wenn einmal keine positiven oder gar negativen Arbeitsplatzeffekte auftreten!

Ein „Unterfall" des Jobkiller-Umweltschutzarguments ist die häufig anzutreffende Meinung, daß verstärkter Umweltschutz zu so starken Kostensteigerungen führe, daß die Wettbewerbsfähigkeit der deutschen Wirtschaft auf den Weltmärkten ernsthaft gefährdet werde. Richtig an diesem Argument ist, daß einige Branchen wie z. B. die sehr stromintensive Aluminiumindustrie durch Umweltschutzbedingte Kosten-(Energiepreis)steigerungen stark betroffen und in existentielle Nöte geraten können. Dies ist für die Unternehmen und ihre Arbeitnehmer außerordentlich schmerzlich. Dennoch: Als Argument gegen den notwendigen verstärkten Umweltschutz kann diese Tatsache nicht herhalten, und zwar aus folgenden Gründen:

- Die bisherigen Strompreise waren zu niedrig: Die nicht-entgifteten Kraftwerke haben u. a. beträchtlich zum Waldsterben mit volkswirtschaftlichen Verlusten von weit über 200 Milliarden DM beigetragen. Die tatsächlich viel höheren Kosten der Stromerzeugung wurden in Form von Wald- und sonstigen Schäden auf die Volkswirtschaft abgeladen.
- In der Bundesrepublik Deutschland als hochindustrialisiertem und dichtbesiedeltem Land kann Strom aus Kohlekraftwerken infolge der hohen Umweltbelastung volkswirtschaftlich vertretbar nur mit einer teuren Entgiftung erzeugt werden. Sofern andere Länder meinen, sich Strom aus nicht-entgifteten Kohlekraftwerken „leisten" zu können oder sie sonstige billigere Stromerzeugungsmöglichkeiten besitzen (z. B. Wasserkraft), bedeutet dies, daß die Bundesrepublik Deutschland bei der Energieerzeugung (und bei sonstigen umweltintensiven Produktionsprozessen) einen „natürlichen" Standortnachteil besitzt.
- Umwelt(schutz)bedingte Standortnachteile sind außerdem nichts besonderes: Jedermann akzeptiert die Tatsache, daß die Bundesrepublik Deutschland aus (klimatischen) Umweltgründen kein Standort für den Anbau von Orangen oder Ananas ist. Genauso sollte man sich daran gewöhnen, das prinzipiell umweltintensive Produktionszweige nur dann in umweltbewußten Staaten „Platz" haben können, wenn sie entsprechend einer notwendigen Mindest-Umweltqualität umweltfreundlich produzieren. Dieser „natür-

liche“ umweltbedingte Standortnachteil in Form hoher Umweltschutzanforderungen kann z. B. durch (Kosten-)Vorteile infolge besonders qualifizierter Arbeitnehmer, modernerer Industrieanlagen usw. in der Bundesrepublik Deutschland zum Teil durchaus aufgefangen werden! Außerdem werden die wichtigsten Weltmarktkonkurrenten in absehbarer Zeit bei ihren Umweltschutzanstrengungen mit der Bundesrepublik „gleichziehen“ (müssen), wie die Bundesrepublik das ihrerseits zum Teil mit ihren Umweltschutzanforderungen – z. B. im Vergleich zu Japan – getan hat.

Am Beispiel des schärfsten Weltmarktkonkurrenten Japan wird auch die globale Unhaltbarkeit der Wettbewerbsargumentation gegen den Umweltschutz deutlich:

Japan hat infolge der unmittelbaren und massiven Bedrohung der Gesundheit der japanischen Bevölkerung Ende der sechziger, Anfang der siebziger Jahre ein Jahrzehnt gewaltiger Umweltschutzanstrengungen hinter sich. Daraus resultieren häufig zunächst deutliche Kostenbelastungen der japanischen Industrie, der zumeist wesentlich mehr an Umweltschutzmaßnahmen abgefordert wurden (z. B. auf dem Luftreinhaltesektor) – bei relativ größeren Energie- und Arbeitskostensteigerungen – als der deutschen Industrie. Wie alle Welt weiß, hat aber die Konkurrenzfähigkeit der japanischen Wirtschaft in dieser Zeit nicht ab, sondern sogar zugenommen!

Dies ist auch kaum verwunderlich: Durch verschärfte Umweltschuzmaßnahmen wird häufig der kostensparende technische Forschritt stimuliert. Dies gilt auch für die deutsche Wirtschaft. Nicht von ungefähr sagten bei einer Befragung des Bundesverband Junger Unternehmer in Zsammenarbeit mit der Wirtschaftswoche im Jahr 1984 knapp 30 Prozent aller Unternehmer, daß sie durch Umweltschutz Geld gespart hätten! Der technische Fortschritt durch ein beschleunigtes Ersetzen alter unproduktiverer Industrieanlagen oder durch das Finden moderner und umweltschonenderer Produktionsarten kann zu einem deutlichen Wettbewerbsvorsprung auf dem Weltmarkt führen.

Außerdem können scharfe nationale Vorschriften wie z. B. die Einführung des Katalysators oder die Abgasentgiftung von Kraftwerken (vor anderen Weltmarktkonkurrenten) zur frühzeitigeren Entwicklung entsprechender Techniken mit daraus sich ergebenden Wettbewerbsvorteilen führen. Diese wirken sich voll aus, wenn die anderen Weltmarktkonkurrenten mit ihren Umweltschutzvorschriften nachziehen. Auch hierfür ist Japan ein treffendes Beispiel.

Summa summarum: Auch das Wettbewerbsargument gegen den Umweltschutz ‚zieht nicht'!

Der Forderung nach deutlich verstärkten Umweltschutzmaßnahmen und -aufwendungen wird sicherlich auch entgegengehalten, daß dadurch das wirtschaftliche Wachstum behindert werde. Gerade in einer Zeit hoher Arbeitslosigkeit und des Nachrückens der geburtenstarken Jahrgänge in den Arbeitsprozeß und hundertausender Aus- und Übersiedler in die Bundesrepublik sowie einer Zeit rapider arbeitssparender Produktivitätsfortschritte (z.B. durch die verstärkte Anwendung von Mikroprozessoren und der elektronischen Datenverarbeitung) sei ein ausreichendes Wirtschaftswachstum zum Abbau der Arbeitslosigkeit unbedingt erforderlich. Der „unproduktive Umweltschutz be- oder verhindere aber dieses Wirtschaftswachstum, das die Einstellung von Hunderttausenden von Arbeitslosen bewirken könne. Was ist zu diesem, vom Prinzip sehr ernst zu nehmenden Argument zu sagen? An dieser Stelle nur das folgende:

- Langfristig ist Wirtschaftswachstum ohne Umweltschutz nicht möglich. Umweltschutz schafft im Gegenteil die Voraussetzungen für eine gedeihliche Entwicklung der Wirtschaft.
- Soweit Umweltpolitik intelligent betrieben wird, d.h. die umweltpolitischen Regelungen den Erfindungsgeist der Unternehmen anregen, nach kostengünstigen und gewinnsparenden Umweltschutzmaßnahmen zu suchen, ist der Umweltschutz keine kurz- und mittelfristige Wachstumsbremse, sondern ein wichtiges Wachstumsstimulans. Umweltschutz trägt dann zur Besserung der Beschäftigungslage bei. Ein umweltfreundliches „qualitatives" Wirtschaftswachstum ist möglich!

Die kritische Durchsicht der Anti-Umweltschutzargumente (der Wirtschaft) zeigt, daß bei näherer Betrachtung

- weder das Argument „Job-Killer-Umweltschutz",
- noch das Argument der Wettbewerbsbehinderung durch Umweltschutz

- und auch nicht das Argument der Wachstumsbremse Umweltschutz zu halten sind.

Deshalb kann festgestellt werden, daß die wichtigsten Argumente gegen den hier geforderten wesentlich verstärkten Umweltschutz nicht „ziehen". Allerdings gilt diese Aussage nur, wenn die Umweltpolitik nach dem Schwerpunktprinzip und damit nach klaren Prioritäten vorgeht. Eine solche Politik muß an den wichtigsten umweltbelastenden Stellen anpacken und vor allem solche Maßnahmen des Umweltschutzes begünstigen oder provozieren, die besonders kostengünstig oder sogar gewinnsteigernd sind.

2. Arbeitsplatzförderung durch verstärkten Umweltschutz

Die angesichts der hohen Umweltschäden in Ost und West dringend notwendigen Maßnahmen des verstärkten Umweltschutzes helfen nicht nur zur Reduzierung dieser riesigen Schäden, sondern erfüllen gleichzeitig sozialpolitische Zwecke und bewirken Arbeitsmarktverbesserungen.

Wenn z. B. in den Schwerpunkten der Umweltbelastung in der DDR, z. B. im Raum Halle, Leipzig, Merseburg, durch Umweltschutzmaßnahmen eine deutliche Entlastung erreicht wird, dann ist dies zugleich eine wichtige sozialpolitische Tat: Die umweltbedingten Erkrankungen der Bevölkerung (z. B. im Bereich der Atemwege) werden zurückgehen, und die Lebenserwartungen der dort lebenden Bevölkerung wird sich wieder dem DDR-Durchschnitt annähern. Außerdem wird, unabhängig von regionalen Belastungsschwerpunkten, durch Umweltschutzmaßnahmen vor allem den von der Umweltbelastung im Wohngebiet und am Arbeitplatz besonders betroffenen ärmeren Schichten geholfen.

Die oben dargestellten marktwirtschaftlichen Anreize sorgen für eine umweltfreundlichere Produktion und entsprechende Produkte und damit für eine Sicherung und Ausweitung der Arbeitsplätze. Denn durch eine solche ökologische Modernisierung der volkswirtschaftlichen Produktion können existentielle Umweltrisiken für die Unternehmen vermieden werden. Umwelttechnisch modernisierten Unternehmen droht in viel geringerem Maße (eventuell sind „Altlasten" vorhanden) die Schließung oder hohe umweltverschmutzungsbezogene Schadensersatzzahlungen. Außerdem kann mit umweltfreundlicheren Konsum- und Investitionsgütern der Milliardenmarkt für solche Produkte wie insbesondere der in dieser Hinsicht noch wenig „erschlossene“ Markt der RGW-Staaten beliefert werden.

Die vor allem in den letzten Jahren erfolgten hohen Umweltschutzinvestitionen auf dem Luftreinhalte- und auf anderen Umweltsektoren haben bereits sehr positive Wirkungen auf die über 400000 Umweltschutzarbeitsplätze in der Bundesrepublik Deutschland gezeigt. Die angesprochenen zusätzlichen marktorientierten Anreize zur umweltfreundlicheren Umgestaltung von Produktion und Produkten werden zu einer weiteren sowohl betriebswirtschaftlich als auch ökologisch wichtigen Modernisierung durch die stärkere Integration des Umweltschutzes in den Produktionsprozeß der deutschen Wirtschaft und zur Schaffung weiterer umweltbedeutsamer Arbeitsplätze führen.

Außerdem sollten – Beispiel Bundesrepublik Deutschland – die dringend notwendigen zusätzlichen öffentlichen Umweltschutzinvestitionen – insbesondere in den Bereichen des Schutzes der Nord- und der Ostsee sowie der Binnengewässer, des öffentlichen Personennah- und Fernverkehrs, des Lärm- und des Bodenschutzes – dazu führen, die Arbeitslosigkeit zu senken.

Zur Umweltentlastung und zur gleichzeitigen Arbeitsplatzschaffung bietet sich – ein Beispiel Bundesrepublik Deutschland – ein Bündel ökologisch sinnvoller arbeitsplatzfördernder Umweltschutzmaßnahmen an. Zu seiner Finanzierung – Umweltschutz ist nicht zum Nulltarif zu erhalten – sind alle, d.h. die Wirtschaft, die Bürger (durch Gebühren und Beiträge) und die öffentlichen Haushalte gemeinsam heranzuziehen: Wenden die Bundesländer und die Gemeinden für den Umweltschutz wesentlich mehr Mittel auf, ohne die sonstigen Investitionsaufwendungen zu reduzieren, sollten sie dabei vom Bund finanziell unterstützt werden. Dabei sind die Strukturhilfezahlungen zu berücksichtigen.

Zu den ökologisch sinnvollen arbeitsplatzfördernden Maßnahmen gehören auch die Ausweitung der Arbeitsbeschaffungsmaßnahmen der Bundesanstalt für Arbeit für sonst nicht realisierte Umwelt- und Naturschutzprojekte. Unter Einschaltung der Umwelt- und Naturschutzverbände sollten insbesondere arbeitslose Jugendliche beschäftigt und zugleich ausgebildet werden, um ihre (Wieder-)Eingliederung ins Berufsleben vorzubereiten.

Generell gilt es, für einen begrenzten Zeitraum hoher Arbeitslosigkeit bei gleichzeitig enormen Umweltproblemen die öffentlichen Umweltschutzinvestitionen deutlich zu erhöhen. Dazu müssen gleichzeitig – so vorhanden – die wenig wirksamen Umweltschutz-Gießkannensubventionen abgebaut und dafür kleinere und mittlere Unternehmen stärkere und gezielte Hilfen zur Lösung echter umweltbedingter Probleme erhalten. Eine eventuell notwendige mäßige Erhöhung der öffentlichen Verschuldung zur Finanzierung zusätzlicher Umweltschutzinvestitionen sollte in einem vorher festgelegten Maße nach einigen Jahren wieder abgebaut werden.

Eine temporäre Erhöhung der öffentlichen Umweltschutzaufwendungen und insbesondere die positiven Arbeitsplatzwirkungen bei der Realisierung einer Öko-Sozialen Marktwirtschaft werden die notwendigen Umweltverbesserungen hervorgerufen und zugleich einen Beitrag zum Abbau der viel zu hohen Arbeitslosigkeit leisten[67]. Wie ein solches Bündel beschäftigungsfördernden und zugleich marktorientierten Umweltschutzes in der Bundesrepublik Deutschland in Form eines vom Autor *Wicke* entwickelten Programmes „Umwelt, Markt und Arbeit“ aussehen könnte, zeigt die nachfolgende Tabelle.

---

[67] Vgl. *Wicke, L.:* Die ökologischen Milliarden, München 1986 und 1988, S. 171 ff., S. 235–241.

1: Programm „Umwelt, Markt und Arbeit"

Ziel	Lösungsweg	Umweltwirkung	Nebenwirkung	Wer muß handeln?
Mehr Arbeitsplätze durch umweltfreundliches Handeln aus Eigeninteresse	1. Käuferverhalten nach dem Umweltsparbuch/ Umweltfreundlicher Einkauf der öffentlichen Beschaffungsstellen und Betriebe 2. Verbesserte Umweltkontrolle und verschärfte Umwelthaftung 3. Gestärktes wirtschaftliches Eigeninteresse für mehr Luft-, Gewässer- und Bodenschutz, Lärmreduzierung sowie Energieeinsparung	Drastische Verbesserung der Umweltqualität in allen Umweltbereichen	Innovations- und Investitionsschub durch rentable umweltfreundliche Modernisierung der Produktion, Stärkung der Umweltschutzindustrie: plus ca. 170000 Arbeitsplätze über maximal 10 Jahre	Sie und ich und die Betriebe und Bund/ Länder/ Gemeinden
Mehr Arbeitsplätze durch zusätzliche (vorgezogene) öffentliche Umweltschutzinvestitionen	Umweltinvestitionsprogramm für öffentliche Bauinvestitionen für umweltverträglichen Verkehr, im Gewässer-, Lärm- und Bodenschutz sowie Energieeinsparung und Luftreinhaltung, zusätzliche Ausgaben bis zu 5 Mrd. jährlich über 5 Jahre, Finanzierung: • Umweltanleihen (2 Mrd. jährlich), • weniger „Arbeitslosenkosten", • Stop der Umwelt„gießkannensubventionen" • spätere Haushaltsentlastungen	Wesentliche Verbesserungen auf allen Umweltproblembereichen	Verringerung der Arbeitslosigkeit auf dem Bausektor: bis zu 150000 Arbeitsplätze (rund 100000 wegen des Energiesparprogramms)	Bund/Länder/Gemeinden
Mehr Arbeitsplätze durch Umwelt-Arbeitsbeschaffungsmaßnahmen	Unter Mitbeteiligung der Natur- und Umweltschutzverbände deutliche Erhöhung der Umwelt-ABM-Arbeitsplätze	Durchführung wichtiger ökologischer Projekte	Bis zu 50000 neue ABM-Arbeitsplätze (insbesondere für arbeitslose Jugendliche und Akademiker)	Bundesanstalt für Arbeit

Quelle: *Wicke, L.:* Umweltökonomie, a. a. O., S. 469.

VI. Umweltethische Verpflichtungen der Bürger und der Wirtschaft

Im vorstehenden Kapitel wurde aufgezeigt, daß es mit Hilfe einer Umweltpolitik und des Einsatzes geeigneter marktorientierter umweltpolitischer Instrumente gelingen kann, das materielle und immaterielle Gewinn- und Eigennutzstreben jedes Einzelnen und der Wirtschaft für den Umweltschutz zu stimulieren, und damit schnellere und bessere Ergebnisse zu erzielen als mit einer alleinigen „Law and Order"- bzw. „Command and Control"-Umweltpolitik.

Dennoch gibt es keinen Zweifel, daß zu einer effizienten Umweltpolitik in der Öko-Sozialen Marktwirtschaft sowohl „Command and Control-" als auch insbesondere marktorientierte Elemente der Umweltpolitik gehören. Diese sind in einer sinnvollen Zusammensetzung in der Umwelt-, Wirtschafts- und sonstigen Politik zu realisieren.

Aber über diese „öko-technokratische" Politikgestaltung hinaus, so extrem wichtig sie auch ist, muß das Umweltengagement der einzelnen Bürger und auch wachsender Teile der Wirtschaft stimuliert und in den umweltpolitischen Prozeß unbedingt mit einbezogen werden. Insbesondere muß allen Bürgern klargemacht werden, daß umweltpolitische Verbesserungen nicht nur durch staatliche Maßnahmen, sondern und gerade nur durch das konkrete Mitwirken aller realisiert werden kann. Das wachsende Umweltbewußtsein aller Kreise der Bevölkerung und der Wirtschaft in Ost und West muß in konkretes umweltbewußtes Handeln im Alltag umgewandelt werden. Umweltethik darf nicht nur in ökologischen Zirkeln „gepredigt", sondern muß im täglichen Leben praktiziert werden!

A. Umweltethik des Einzelnen und ihre Konsequenzen

Die Mitverantwortung des Einzelnen für die Umwelt seiner Mitmenschen und die Umwelt der Kinder und Kindeskinder der heutigen Generation, aber auch die Achtung des Lebens- und Existenz„rechtes" der nichtmenschlichen Mitgeschöpfe,

d. h. die möglichst weitgehende Erhaltung und Förderung der vorhandenen Tier- und Pflanzenarten auf diesem Planeten, gebietet für jeden einzelnen ein bestimmtes umweltbewußtes Verhalten.

Hierbei handelt es sich vor allem um die aktive Förderung oder zumindest Billigung bestimmter umweltpolitisch notwendiger Maßnahmen, bei denen der einzelne monetäre oder sonstige Nachteile hinzuzunehmen hat. Hierzu nur fünf Beispiele aus Ost und West:

- Im Rahmen der Umweltsanierung der DDR, von Polen und von der CSSR werden einige besonders umweltgefährliche Chemiewerke und Braunkohlenkraftwerke geschlossen werden müssen, weil sie umwelttechnisch nicht mehr zu sanieren und auch betriebswirtschaftlich nur umwelt- und verfahrenstechnisch moderne Werke auf dem Weltmarkt noch konkurrenzfähig sind. Auch wenn ein guter Teil der Arbeitskräfte dieser Betriebe in neuen und modernisierten Betrieben unterkommen werden, so wird dies nicht für alle Beschäftigten möglich sein. Umweltbewußtes Verhalten heißt hier für viele Beschäftigte: Akzeptanz eines anderen Arbeitsplatzes möglicherweise in einer anderen Branche und an einem anderen Ort aus Einsicht in die Notwendigkeit der Beendigung der unerträglich hohen Luft- und Gewässerbelastung (z. B. im Großraum Bitterfeld).
- Mehr und bitter notwendiger Umweltschutz im Gewässer- und Abfallbereich in der DDR bedeutet unter anderem Abwasserbehandlungsanlagen, Müllverbrennungsanlagen und Abfalldeponien, die bei einem akzeptablen Umweltstandard sehr viel Geld kosten werden. Dies heißt einerseits höhere Belastung der Bürger bei den Abwasser- und Abfallgebühren, andererseits Bereitstellung von Baukapazität, die für andere Verwendungen, z. B. im Wohnungsbau, dann nicht mehr zur Verfügung steht. Die Akzeptierung der Tatsache, daß Umweltschutz nicht zum Nulltarif zu erhalten ist und deshalb Belastungen für die Bürger mit sich bringt, die auch im Interesse der Umwelt und der Allgemeinheit hingenommen werden müssen, ist ein wichtiges umweltbewußtes Verhalten.
- Umweltschutz in der DDR ist aber nicht nur „öffentlicher" Umweltschutz: Der vielgefahrene „Trabant" ist eines der

umweltschädlichsten, wenn nicht das umwelt- und gesundheitsschädlichste Auto auf dieser Welt. Über kurz oder lang werden zur Teilentgiftung seiner Abgase Nachrüstmaßnahmen, z.B. durch Katalysator, erforderlich sein. Auch wenn dies wie in der Bundesrepublik mit steuerlicher oder sonstiger Hilfe geschehen sollte, ganz umsonst für die Trabanthalter wird diese dringend notwendige Umweltschutzmaßnahme nicht möglich sein.

- Die bundesdeutsche Bevölkerung muß z.B. akzeptieren, daß die Ausweitung des Individualverkehrs und damit die Belastung der Umwelt durch immer mehr Automobile und ihre Folgen (z.B. immer mehr zubetonierte Landschaft, durch immer mehr Straßen) nicht länger hingenommen werden können. Dies erfordert eindeutige Maßnahmen, die den Individualverkehr gegenüber dem öffentlichen Personennah- und Fernverkehr relativ benachteiligen bzw. letzteren eindeutig begünstigen. Das heißt unter anderem hohe Investitionen für Busse und Bahnen – nicht zuletzt auch für z.T. umweltproblematische Neubaustrecken der Bahn – sowie deutlich verminderte Investitionen in Straßen und Autobahnen und ein Tempolimit auf Autobahnen von zum Beispiel 130 Stundenkilometer.

  Das heißt aber auch verstärktes Anlegen von den PKW-Verkehr verlangsamenden Busspuren, Busampeln sowie weniger und teuerer Parkraum in den (Innen-)Städten.

  All dies wird die bundesdeutschen Autofahrer wenig erfreuen, muß aber aus Umweltgründen hingenommen werden.

- Mit einer Kohlendioxidabgabe oder mit Energiesteuern muß versucht werden, den Energieverbrauch und den Kohlendioxidausstoß einerseits zu vermindern. Das wird und muß substantielle Erhöhungen für Gas, Mineralöl, Strom und andere energieabhängige Preise mit sich bringen. Die einkommenden Milliardenbeträge – auch aus entsprechenden Abgaben in anderen OECD-Ländern – müssen nicht nur für jeweils nationale, sondern auch für internationale Umweltschutz- und Energiesparmaßnahmen eingesetzt werden. Unter anderem mit diesen finanziellen Mitteln muß ein substantieller Beitrag zur Tropenwaldrettung, zur Abwendung der Klimakatastrophe und der Verbesserung der Umweltsituation in Osteuropa (und damit zugleich auch in der Bundesrepublik und in anderen Teilen Europas) geleistet werden[68].

Zur Umweltethik und zum umweltbewußten Verhalten der Bevölkerung gehört ganz wesentlich die Hinnahme solcher und vieler weiterer den Einzelnen zum Teil belastenden Maßnahmen. Dabei muß selbstverständlich darauf geachtet werden, daß soweit wie möglich die Nachteile Betroffener durch soziale Ausgleichsmaßnahmen kompensiert werden.

Daneben ist das aktive umweltbewußte Tun des oder der einzelnen von mitentscheidender Bedeutung, wie u.a. zum Beispiel

- Mehrweg- statt Einwegflaschen und Dosen,
- phosphatfreie Waschmittel und sanfte Haushaltsreiniger,
- Benutzung von Bussen und Bahnen statt der Privat-PKW,
- Kauf von – relativ – umweltfreundlichen Katalysatorautos.

Mit der Realisierung einiger der folgenden (staatlichen) Maßnahmen ist es in wesentlich stärkerem Umfang als bisher möglich, die Menschen in allen ihren Tätigkeitsbereichen zu einem solchen umweltbewußten Verhalten zu motivieren:

- Durch die Vorreiterrolle des Staates bei der Beschaffung umweltfreundlicher Sachgüter und Leistungen (Vorbildfunktion);
- durch Information und Beratung über die (auch) individuellen Vorteile umweltbewußten Verhaltens („Gesundheit schützen, Sparen und Gewinnen durch Umweltschutz“);
- durch die kostengünstige Bereitstellung komfortabler und besonders umweltfreundlicher Leistungen (z.B. im Verkehrswesen);
- durch Anreize zum umweltfreundlichen individuellen Verhalten (z.B. durch Pfandregelungen, die eine oder andere sonstige Umweltabgabe, Kompensations- und Umweltlizenzlösungen);

---

[68] Vgl. dazu *Wicke, L./Hucke, J.:* Der ökologische Marshallplan, München 1989.

- durch Beseitigung von den Umwelt- und Energieverbrauch begünstigenden Gebühren-, Tarif- und Steuersystemen und – soweit ökologisch sinnvoll und (EG-)rechtlich möglich –, Einsatz der Steuer-, Tarif- und Gebührenpolitik auch zur Umweltentlastung und Energieeinsparung;
- durch die sonstige Begünstigung von Nutzern umweltfreundlicher Verfahren und Produkte (z.B. durch Nutzvorteile für leise LKW in lärmsensiblen Zonen oder durch Befreiung schadstoffarmer Fahrzeuge von Fahrverboten und von Geschwindigkeitsbeschränkungen);
- und nicht zuletzt durch eine neue Umweltethik jedes einzelnen: Der Appell an alle, sich auch dann umweltfreundlich zu verhalten, wenn dies geringe Nachteile für den einzelnen bedeutet, darf nicht länger von sehr vielen Mitbürgern überhört werden.

B. Der „Umweltethische Kategorische Imperativ“ der Wirtschaft

Auf die Wirtschaft in den westlichen Staaten kommen immer mehr Umweltschutzverpflichtungen zu durch mehr und verstärkte produktbezogene Umweltschutz-Markt„signale“ aus allen Nachfragerbereichen und verschärfte umweltrechtliche Rahmenbedingungen für Produktion und Produkte in einem sich zunehmend von der sozialen zur ökosozialen Marktwirtschaft wandelnden Wirtschaftssystem und den verstärkten Impulsen aus der EG-Umweltpolitik. Als weitere und keinesfalls weniger wichtige Komponente tritt die umweltethische hinzu.

In einer Zeit, in der dank durchschnittlich recht hohen materiellen Lebensstandards immer mehr Menschen auch die eher immateriellen Werte wie die einer intakten Umwelt für sich und ihre Nachkommen entdecken, kann sich kein verantwortungsbewußtes Unternehmen und kein Manager mehr der Frage entziehen, welche Auswirkungen die von ihm hergestellten oder verkauften Produkte auf die Umwelt ausüben. Unter Beachtung der Tatsache, daß jeder einzelne Produzent nur einen vergleichbar kleinen, aber dennoch nicht zu vernachlässigenden Teil zur Umweltbelastung und -zerstörung beiträgt, sollte und muß er sich stets fragen: „Was kann, was muß ich tun, um in meinem Bereich dazu beizutragen, damit mir, meiner Familie, meinem Volk und allen Menschen eine lebenswerte Umwelt erhalten bleibt?"

Hans Jonas hat den Kantschen Kategorischen Imperativ „Handle nur nach derjenigen Maxime, von der du zugleich wollen kannst, daß sie ein Allgemein-Gesetz werde" für die Menschen des Industriezeitalters wie folgt übersetzt: „Handle so, daß die Wirkungen deines Handelns nicht zerstörerisch sind für die Permanenz echten menschlichen Lebens auf Erden"[69]. Daraus ergibt sich der umweltethische kategorische Imperativ, für die Wirtschaft unmittelbar: „Handle so, daß bei der Herstellung der von Dir produzierten Güter die Umwelt nicht leidet, daß diese von Dir verkauften Güter während ihrer Nutzung der Umwelt nicht schaden und daß sie in ihrer Beseitigungsphase die Umwelt nicht mehr als unvermeidbar belasten!"

Selbstverständlich ist eine solche Forderung – in leicht modifizierter Form – an jeden Konsumenten, Verkehrsteilnehmer, Politiker usw. in gleicher Deutlichkeit zu stellen. Unabhängig davon ist es doch evident, daß kein Unternehmen, kein Manager, der über den Tellerrand der täglichen Arbeit und des (wohldotierten) Geldverdienens hinausdenkt – und dies sind die allermeisten in den Unternehmen – dieser Maxime widersprechen wird. Und es gibt ganz wesentliche wirtschaftliche Notwendigkeiten und umweltrechtliche Rahmenbedingungen, die die Unternehmen veranlassen sollten, ihre Produktion und ihre Produktpalette so schnell wie möglich umweltfreundlich „auszurichten".

Dennoch gilt selbstverständlich auch die Tatsache, daß eine solche ökologische Umstellung mit zeitweisen oder laufenden höheren Kosten und – bei höheren Preisen oder vermeintlichen oder tatsächlichen – Qualitätsnachteilen verbunden sein kann, allerdings keineswegs immer sein muß! *Heinz Dürr*, der AEG-Vorstandsvorsitzende, drückt das so aus: „Verhält sich der einzelne ökologisch, und damit sicher in vielen Fällen auch gesamtwirtschaftlich vernünftig, so muß das nicht

---

[69] *Jonas, H.:* Das Prinzip Verantwortung, Frankfurt/Main 1984, S. 17.

zwangsläufig seine Erfolgschancen verbessern. Im Gegenteil: Nimmt er Umweltschutzkosten auf sich, während der Konkurrent sie weiterhin auf die Allgemeinheit ablädt, verliert er schnell seine Konkurrenz-, vielleicht sogar seine Überlebensfähigkeit. Einer solchen Logik kann sich ein Unternehmer nicht entziehen." Dennoch – so *Heinz Dürr* – „sind ökonomisches Handeln und ethische Verantwortung keine voneinander getrennten Ziele. Vielmehr ist ökonomisches Handeln dem Prinzip der ethischen Verantwortung zu unterstellen." Und konsequenterweise fordert *Heinz Dürr* angesichts der dargestellten Diskrepanz zwischen der betrieblichen und der gesamtwirtschaftlichen Rationalität im Falle erhöhter Umweltschutzkosten, daß „alle am Wirtschaftsleben Beteiligten für und nicht gegen wirksame Umweltschutzgesetze streiten" müssen[70].

Es ist einfach unverständlich und unverzeihlich, daß aus Gründen der kurzfristigen (!) Gewinnmaximierung und -stabilisierung umweltunverantwortlich im produkt- und produktionsbezogenen Umweltschutz umgegangen worden ist und zum Teil auch noch umgegangen wird:

- Trotz klarer Anzeichen der Ozonschichtzerstörung betreiben gut verdienende Chemiefirmen noch für einige Jahre die gewinnbringende Produktion und den Verkauf von Fluor-Chlor-Kohlenwasserstoffen auch als „ökonomische Senke" der Chlorüberproduktion. Dies steht im klaren Widerspruch zu den Leitlinien der Chemischen Industrie vom Juli 1986, nach der die chemische Industrie, „wenn es die Vorsorge für Gesundheit und Umwelt erfordert ..., ungeachtet der wirtschaftlichen Interessen auch die Vermarktung von Produkten einschränken oder die Produktion einstellen" wird[71].
- Trotz klar erkennbarer Gesundheits- und Umweltgefährdung haben der Asbestzementverband und sein größtes Mitgliedsunternehmen lieber jahrelang gegen wissenschaftliche Erkenntnisse des Umweltbundesamtes über Asbest prozessiert, statt schnellstmöglich den – später eingeleiteten

---

[70] Ebenda, S. 12.

[71] *Held, M.* /Hrsg.): Chemiepolitik: Gespräch über eine neue Kontroverse, Weinheim 1988, S. 306.

– Ersatz von Asbestfasern durch andere Fasern in Asbestzementprodukten zu realisieren.

- Trotz klar erkennbaren Waldsterbens ist die deutsche Automobilindustrie mindestens zwei Jahre gegen den Katalysatorbeschluß „angerannt", statt sich gemeinsam an die Spitze der Bewegung für umweltfreundlichere Autos zu stellen. Erst neuerdings scheinen einige Firmen die Zeichen der Zeit erkannt zu haben und wollen serienmäßig nur noch Katalysatorautos anbieten.
- Obwohl klar erkennbar ist, daß der Einweganteil an Massengetränken immer weiter ansteigt und damit die Abfallprobleme, aber auch die Gefahr des Zusammenbruchs von Mehrwegsystemen sich vergrößern, weigert sich ein großer Lebensmitteldiscounter seit Jahren mit extremer Hartnäkkigkeit, Getränke in Mehrwegbehältern anzubieten – und das, obwohl die wichtigsten Konkurrenten eben dies tun!
- Als sich 1983 das Waldsterben schon klar abzeichnete, wurde gegen die dringend notwendige Verminderung des Schadstoffausstoßes von Kraftwerken durch die Großfeuerungsanlagenverordnung von den Interessenvertretern der mit Gebietsmonopolen „ausgestatteten" Kraftwerkswirtschaft (die mit staatlicher Genehmigung ihre Umweltschutzkosten auf die Stromtarife überwälzen können) argumentiert, daß diese Verordnung zur größten Fehlinvestition der Neuzeit werden könne.
- Jahrelang – und zum Teil noch heute – wird gegen notwendige Verschärfungen von umweltrechtlichen Vorschriften das Schreckgespenst weltwirtschaftlicher Konkurrenzunfähigkeit der deutschen Wirtschaft und der Arbeitsplatzverluste „bemüht", und das, obwohl die deutsche Industrie über viele Jahre „Exportweltmeister" war und ist.
- Auf die auf die Sandoz-Katastrophe in Basel folgenden Rheinunfälle mit zu hohen Einleitungen reagieren die betroffenen Chemiefirmen eher mit einer Negierung bzw. Hinunterspielens, statt offen die Probleme in ihrer – nicht sehr großen – Dimension offenzulegen, die Ursachen zu beseitigen und ggf. umweltbezogene good-will-Aktionen durchzuführen. Die Glaubwürdigkeitskrise in der sich die Deutsche Chemieindustrie befand, wurde dadurch wesentlich verstärkt.

- Obwohl die Kernenergie in der Bevölkerung insbesondere nach dem Kernkraftwerksunfall in Tschernobyl äußerst umstritten ist, haben sich z. B. der Kernkraftwerksbetreiber von Biblis A bzw. die Kernkraftwerke mit Brennstoff versorgenden Firmen NUKEM und ALKEM leider keineswegs eines betont korrekten Betriebs ihrer Anlagen und ihrer sonstigen Betriebsvorgänge befleißigt und die Behörden und die Öffentlichkeit über auftretende Probleme informiert. Auf erkennbare Störungen von Reaktoren und Hilfsaggregaten wurde nicht schnell und angemessen reagiert, und teuer zu beseitigende radioaktive Abfälle wurden aus Gewinninteresse mehr als unvorschriftsmäßig „beseitigt".

Auch wenn damit kein Pauschalurteil über das Verhalten der (deutschen) Wirtschaft im allgemeinen und der Industrie insbesondere abgegeben werden soll, und ausdrücklich starke Anstrengungen in großen Teilen der Wirtschaft (z. B. seit 1987 in der deutschen Chemieindustrie) zu einer stärker umweltorientierten Unternehmensführung anerkannt werden, so zeigen diese Beispiele aus naher Vergangenheit und Gegenwart doch deutlich: Gut verdienende Unternehmen – aber nicht nur die – dürfen nicht nur z. B. die Leitlinien „Chemie und Umwelt" der deutschen Chemischen Industrie unterschreiben oder sich zur umweltethischen Verantwortung der Unternehmen bekennen, z. B. in der sog. Tutzinger Erklärung, nach der unter anderem eine „umweltorientierte Unternehmenspolitik nach innen und außen Glaubwürdigkeit verlangt", sondern sie müssen diese Glaubwürdigkeit auch tatsächlich demonstrieren: Das heißt, sie müssen im Sinne der zitierten VCI-Leitlinien auch kurz-, ggf. auch mittel- und langfristige Gewinnnachteile hinzunehmen bereit sein, um der Umwelt und damit ihrer eigenen – leider oft stark beschädigten – Umweltglaubwürdigkeit zu helfen. Der Satz des bayrischen Umweltstaatssekretärs und jetzigen CSU-Fraktionsvorsitzenden im Bayrischen Landtag Glück, daß „die Umweltglaubwürdigkeit der deutschen Wirtschaft selbst in den schwärzesten Ecken Bayerns nicht mehr zu vermitteln sei", sollte und müßte alle verantwortlichen Manager deutscher Unternehmen aufrütteln und zu einem wirklich umweltglaubwürdigen Verhalten – gegebenenfalls unter Gewinnverzicht – veranlassen!

Selbstverständlich bedeutet dies nicht, daß die Unternehmen dabei ihr primäres betriebliches Interesse „Existenzsicherung“ des Unternehmens und eine ausreichende langfristige Gewinnerzielung vernachlässigen sollen oder dürfen. Wer dies fordern würde, forderte zu viel!

All diese Forderungen gehen natürlich nicht nur an die Adresse von westlichen Managern, sondern genauso an Manager von Kombinaten und sonstigen Firmen in der DDR und in Osteuropa, auch wenn die Möglichkeiten des umweltbewußten Verhaltens aufgrund der bisherigen Ineffizienz und Inflexibilität ihres Wirtschaftssystems sicher wesentlich geringer sind. Dennoch auch da sollten alle vertretbaren Möglichkeiten eines solchen Verhaltens ausgeschöpft werden.

Der Unternehmer *Georg Winter* hat die umweltethischen Verpflichtungen des Unternehmers und Managers auf folgende einprägsame Formel gebracht: „Ohne umweltbewußte Unternehmensführung kein Bestand vor dem eigenen Gewissen – und ohne Bestand vor dem eigenen Gewissen keine volle Identifikation mit dem Beruf.“[72]. Man könnte fortführen: Ohne Bestand vor den eigenen Gewissen und ohne volle Identifikation mit dem Beruf Verlust einer entscheidenden Voraussetzung für eine wirkliche erfolgreiche Geschäftstätigkeit, die einen verantwortungsbewußten Manager zufriedenstellen kann!

VII. Die besondere Verpflichtung der konservativen und christlich orientierten Parteien zur Öko-Sozialen Marktwirtschaft

Konservative und christliche Parteien haben nach der Auffassung der Autoren eine besondere Verpflichtung, am Auf- und Ausbau der Öko-Sozialen Marktwirtschaft mitzuwirken:

Die marktwirtschaftliche Ausrichtung eines solchen Wirtschaftssystems läßt sich vom christlich-konservativem Grundverständnis von zwei Seiten begründen:

---

72 *Winter, G.* u.a. Das umweltbewußte Unternehmen, München 1987

- Den Armen, Schwachen und Benachteiligten läßt sich besonders gut in einem Wirtschaftssystem helfen, das ein hohes Maß an Gesamtwohlstand „produziert". In einem solchen System wird die Umverteilung von Reich zu Arm sehr viel leichter sein, als in einem System, in dem alle relativ gleich arm, manche aber besonders arm sind. Vor allem wird in einem solchen Wirtschaftssystem mit einem hohen Sozialprodukt auch bei Erfüllung sonstiger Staatsaufgaben, wie z. B. der Landesverteidigung und der inneren Sicherheit, noch ausreichend Spielraum bestehen, um die sozialen, medizinischen, kulturellen und bildungspolitischen Erfordernisse in ausreichendem Umfang erfüllen zu können.
- Die „Freiheit eines Christenmenschen" bedeutet – bei Respektierung der Freiheit der anderen und ihrer sozialen und sonstigen Bedürfnisse – auch die Möglichkeit und Chance der Entfaltung der Persönlichkeit und der Selbstverwirklichung auch im wirtschaftlichen Bereich durch mehr oder weniger unabhängiges unternehmerisches Tun im Rahmen einer marktwirtschaftlichen Ordnung.

Die soziale Ausrichtung einer Öko-Sozialen Marktwirtschaft ist für christlich-konservative Parteien aufgrund ihres Grundverständnisses der Fürsorge und der Hilfe für ihre Nächsten und Mitbürger eine essentielle Notwendigkeit. Aufgrund seiner Effizienz bietet dieses Wirtschaftssystem besonders gute Möglichkeiten, den Bedürfnissen der sozial Schwachen in besonders hohem Maße Rechnung zu tragen. Durch die in Abschnitt III.A.2 ausführlich dargestellten sozialpolitischen Möglichkeiten,

- das Steuersystem nach dem Leistungsfähigkeitsprinzip zu gestalten,
- gerechte und für die besonders Bedürftigen besonders wirksame Sozialversicherungssysteme zu schaffen,
- die Arbeitnehmerrechte gegenüber den Unternehmensleitungen stark auszubauen und zu echten Mitgestaltungsmöglichkeiten zu kommen,
- die ungerechte Vermögenskonzentration zu reduzieren und ein gesamtwirtschaftliches Gleichgewicht sicherzustellen

kann die Öko-Soziale Marktwirtschaft allen christlich orientierten Ansprüchen an die Sozialverträglichkeit eines Wirtschaftssystems entsprechen.

Die ökologische Ausrichtung einer Öko-Sozialen Marktwirtschaft ist für konservative und christliche Parteien von besonders hoher Bedeutung, müssen doch diese Parteien als vom Grundverständnis her „geborene Umweltschutzparteien“ eine führende Rolle in der Umweltpolitik und beim Ausbau der Sozialen Marktwirtschaft in eine umweltpolitisch wesentlich wirksamere Öko-Soziale Marktwirtschaft spielen, wollen sie ihren Grundsätzen nicht untreu werden!

Konservative und christlich orientierte Parteien besitzen die entscheidenden ethischen Grundlagen für eine Politik des angemessenen, verantwortbaren Umgangs mit der Natur und der Umwelt. Aus konservativem Verständnis muß bei der Nutzung der natürlichen Umwelt durch den Menschen, d.h. bei der Inanspruchnahme von Luft, Wasser, Boden, von Lebewesen und Landschaft, das seit Jahrhunderten in der Land- und Forstwirtschaft entwickelte und verwirklichte Prinzip der Nachhaltigkeit realisiert werden. Dieses Prinzip gebietet einen sparsamen und schonenden Umgang mit der Natur, denn nur so können den zukünftigen Nutzern und den nachfolgenden Generationen gleiche oder ähnliche Ertrags- und vor allem Lebens-, ja Überlebenschancen garantiert bleiben.

Aus christlicher Sicht hat der Mensch als einziges vernunftbegabtes Wesen die Freiheit und die Aufgabe, an der Weiterentwicklung der Schöpfung mitzuwirken, sie zu bewahren und verantwortungsbewußt zu gestalten: Tritt der Mensch gegenüber der Natur nicht als weiser Hüter, sondern als „Ausbeuter“ und skrupelloser „Zerstörer“ auf, verstößt er gegen den Willen des Schöpfers. So wie der Mensch den Garten Eden „bebauen und hüten“ sollte, gilt es, die dem Menschen anvertraute Natur zu nutzen und zu schützen, zu gestalten und zu bewahren.

Dieser Verantwortung vor der Schöpfung und vor den Kindern und Kindeskindern müssen konservativ-christliche Parteien sowohl im nationalen als auch im internationalen Rahmen gerecht werden. Dazu einige Beispiele:

- Das Grundwasser verantwortungsvoll zu nutzen und zu schützen heißt: Entnahme nur in dem Umfang, in dem sich die Vorräte regenerieren können; Schutz vor Nitraten, Pestiziden und anderen grundwassergefährdenden

Stoffen, damit der Wasserschutz auch weiterhin genutzt werden kann.

- Nutzung und Schutz des Waldes, damit auch künftige Generationen noch Wald im heutigen Sinne erleben können, heißt heute nicht nur Verwirklichung des forstwirtschaftlichen Nachhaltigkeitsprinzips, sondern zugleich auch radikale Reduzierung des Schadstoffausstoßes aus allen wichtigen Schadstoffquellen zur Verbesserung der Luftqualität insgesamt.
- Nutzung und Bewahrung der hochsensiblen ökologischen Gebiete, wie (Hoch-)Gebirge und Wattenmeer, Heide und Feuchtgebiete heißt sowohl das Eindringen gefährlicher Stoffe in diese Gebiete zu verhindern als auch die Ausweitung nicht naturnaher Nutzungen zu unterbinden und die ökologisch sinnvolle und umweltschonende Nutzung der geschützten und sonstigen Gebiete zu ermöglichen.
- Schutz und Bewahrung von Tier- und Pflanzenarten heißt: Größtmögliche Bewahrung der Artenvielfalt durch Erhaltung und Ausdehnung von Natur- und Landschaftsschutzgebieten und Renaturierung von ökologisch verarmten Landschaftsteilen durch ein Netz von naturnahen und möglichst unbelasteten Flächen.
- Nutzung und Bewahrung des tropischen Regenwaldes als des ökologisch wertvollsten Gebietes dieser Erde, das rund die Hälfte aller Tier- und Pflanzenarten beherbergt, heißt: Verhinderung oder Milderung der Ursachen der Tropenwaldvernichtung durch Hilfen zur Eindämmung des Bevölkerungswachstums, zur Milderung der Armut und der extremen Verschuldung und eine umweltverträgliche Entwicklungspolitik unter anderem durch eine umweltverträgliche wirtschaftliche Zusammenarbeit mit den tropenwaldbesitzenden Ländern der Dritten Welt.
- Schutz und Bewahrung der Lufthülle dieses Planeten heißt: Radikale Senkung der Produktion und der Verwendung ozonschichtzerstörender Substanzen sowie Verhinderung der Zunahme und mittelfristig weltweiten Abnahme von Kohlendioxid und anderen den Treibhauseffekt begünstigenden Stoffe durch forcierte Energieeinsparungen sowie die verstärkte Förderung und den Einsatz regenerativer Energien. Für die Bundesrepublik Deutschland und andere

OECD- und RGW-Länder heißt das aber auch, daß bis zur ausreichenden Verfügbarkeit solcher umweltfreundlichen Energieformen die temporäre Weiternutzung der Kernenergie als Übergangsenergieform bei allerhöchsten Sicherheits- und (automatisierten) betreiberunabhängigen Überwachungsstandards erforderlich ist.

Wenn die konservativ-christlichen Parteien die Umwelt weltweit auch für unsere Kinder und Kindeskinder schützen wollen, muß über den Bereich ihrer jeweiligen Länder hinaus ein „Ökologischer Marshallplan“ realisiert werden: Nur wenn die hochentwickelten Länder den weniger entwickelten Staaten massive Hilfestellung für sinnvolle ökologisch wirksame Maßnahmen zukommen lassen, ist die Verhinderung der ökologischen Plünderung unseres Planeten und die Verhinderung von weltweiten Umweltkatastrophen, z.B. im Bereich des Klimas, möglich[73]. Ein solcher Ökologischer Marshallplan kann und muß nicht nur eine Klammer zwischen Ost und West, sondern auch eine Klammer zwischen Nord und Süd bilden, und damit der Schlüssel zum Aufbau einer internationalen Umweltpartnerschaft sein!

Wesentlich verstärkte und ökologisch sinnvolle Entwicklungshilfe liegt im sozialen und im Umweltinteresse sowohl der Empfänger- als auch der Geberländer. Soziale Hilfestellung und die Bewahrung der Schöpfung sind aber auch zentrale Aufgaben der christlichen konservativen Parteien!

VIII. Öko-Soziale Marktwirtschaft – Wirtschafts- und Gesellschaftssystem für alle ökologisch, sozial und marktwirtschaftlich orientierten Kräfte in Ost und West

Auch wenn eine Öko-Soziale Marktwirtschaft als ökologisch und sozial ausgerichtetes Wirtschaftssystem, das der Entfaltung der Persönlichkeit einen ausreichenden Spielraum läßt, den Grundwerten und dem Grundverständnis von christlichen und konservativen Parteien besonders gut ent-

[73] Vgl. *Wicke, L./Hucke, J.:* Der ökologische Marshallplan, München 1989

spricht, so heißt dies jedoch nicht, daß ein solches Wirtschaftssystem nur exklusiv für solche Parteien akzeptabel und attraktiv ist:

Alle Parteien, deren Grundverständnis auf ein ökologisches, soziales und marktwirtschaftlich ausgerichtetes Wirtschafts- und Gesellschaftssystem ausgerichtet ist, können und sollten ein solches System anstreben, und dort, wo schon wichtige Elemente vorhanden sind (wie in den Sozialen Marktwirtschaften des Westens) das vorhandene System zur Öko-Sozialen Marktwirtschaft durch soziale und umweltpolitische Verbesserungen fortentwickeln.

A. Öko-Soziale Marktwirtschaft für die Länder in Osteuropa

In Osteuropa sind die sozialistisch-planwirtschaftlichen Systeme gescheitert:

- Auch 45 Jahre nach dem 2. Weltkrieg können die materiellen Bedürfnisse der Bevölkerung in diesen Staaten nicht im gewünschten Umfang befriedigt werden. Der Abstand zum Lebensstandard der Menschen in den westlichen Ländern mit mehr oder weniger Sozialen Marktwirtschaften ist so eklatant, daß die Ineffizienz des planwirtschaftlich-sozialistischen Systems eindeutig die Hauptursache darstellt.
- Trotz mancher Bemühungen, das planwirtschaftlich-sozialistische System so sozial wie möglich zu gestalten, kann aufgrund der ökonomischen Ineffizienz nicht genügend an wirtschaftlicher Leistung in Form von Sachgütern und Dienstleistungen erbracht werden, daß die Sozialleistungen dieser Systeme an die Leistungen und sozialen Sicherheitsnetze der Sozialen Marktwirtschaften heranreichen können. So ist z. B. die Alterssicherung und die Gesundheitsversorgung in der DDR im Vergleich zur Bundesrepublik Deutschland ausgesprochen schlecht. Selbst Arbeitslose in der Bundesrepublik erhalten Zahlungen, die denen der Vollbeschäftigten in der DDR entsprechen.
- In allen RGW-Staaten hat das planwirtschaftlich-sozialistische System zu wesentlich größeren Umweltschäden bis hin zu massiven Gesundheitsschäden bei Teilen der Bevölkerung geführt. Die Notwendigkeiten des Umweltschutzes

sind insbesondere aufgrund der mangelhaften wirtschaftlichen Leistungsfähigkeit nicht ausreichend berücksichtigt worden.

Da die Öko-Soziale Marktwirtschaft in allen drei genannten Bereichen – wirtschaftliche Leistungsfähigkeit, soziale Sicherung und Umweltschutz – selbst einem reformierten sozialistisch-planwirtschaftlichen System überlegen ist, bietet sich dieses – aus dem Vorbild der Sozialen Marktwirtschaft weiterentwickelte und deutlich verbesserte Wirtschaftssystem für die Staaten in Osteuropa unmittelbar an.

Außerdem stellt dieses Wirtschaftssystem mit seinen freiheitlichen Rechten (Konsumentenfreiheit, Gewerbe- und Berufsfreiheit), seinen sozialen und seinen ökologischen Sicherungen eine ideale Ergänzung zu den von den Menschen in Osteuropa erkämpften demokratischen Rechten dar.

Ein demokratischer Rechtsstaat und eine Öko-Soziale Marktwirtschaft stellen eine hervorragende gesellschafts- und wirtschaftspolitische Symbiose für eine Bevölkerung dar, die mindestens 40 Jahre durch eine stalinistische Diktatur auf schwerste Art und Weise ihrer Freiheits- und sonstiger Menschenrechte beraubt und um diese betrogen worden ist. Da mit Ausnahme der bisher herrschenden kommunistisch-sozialistischen Parteien und einiger nach wie vor in sozialistisch-planwirtschaftlichen Kategorien weiter befangenen Parteien und Gruppierungen alle anderen Gruppierungen ein demokratisches, soziales und ökologisch verantwortbares und zugleich effizientes (markt)wirtschaftliches System anstreben, könnte die hier beschriebene Öko-Soziale Marktwirtschaft ein gemeinsamer gesellschafts- und wirtschaftspolitischer Nenner aller dieser Kräfte darstellen. Dies gilt auch unter der selbstverständlichen Erkenntnis, daß diese politischen Kräfte über das Ausmaß der wirtschaftlichen Freiheiten, der sozialen Sicherung und des Umweltschutzes und über die Einzelheiten der Gestaltung dieses Wirtschafts- und Gesellschaftssystems durchaus sehr intensiv ringen und verhandeln werden. Auch in den westlichen Staaten sind die Systeme der Sozialen Marktwirtschaften sehr unterschiedlich gestaltet.

B. Von der Sozialen zur Öko-Sozialen Marktwirtschaft in den westlichen Ländern

Auch in den westlichen Staaten mit mehr oder weniger ausgeprägten Sozialen Marktwirtschaften setzt sich mehr und mehr durch, daß es erforderlich ist, dieses Wirtschaftssystem durch soziale und umweltbezogene Korrekturen und Ergänzungen zu einer Öko-Sozialen Marktwirtschaft weiterzuentwickeln.

So strebt die Österreichische Volkspartei explizit nach einer Öko-Sozialen Marktwirtschaft, und auch die CDU der Bundesrepublik Deutschland hat sich in ihrem Umweltprogramm „Unsere Verantwortung für die Schöpfung" auf ihrem Bundesparteitag im September 1989 dazu bekannt: „Die Christlich Demokratische Union Deutschlands hat die besondere Verpflichtung, die Natur und die Umwelt zu schützen, zu gestalten und zu nutzen und damit das Werk des Schöpfers für uns, unsere Kinder und Kindeskinder zu erhalten und Ökologie und Ökonomie in einer Ökologischen und Sozialen Marktwirtschaft miteinander zu versöhnen."[74] Aber auch die Christlich-Soziale Union, die Sozialdemokraten, die Freien Demokraten und die GRÜNEN in der Bundesrepublik plädieren für den verstärkten Einbau marktorientierter umweltpolitischer Instrumente in das System der Sozialen Marktwirtschaft. Auch sie werden (zum großen Teil) den Vorschlägen zur sozialen, wirtschafts- und arbeitsverfassungspolitischen Verbesserung der Sozialen Marktwirtschaft zustimmen können. Von daher ist – auch wenn die Parteien ihre Vorstellungen zum Teil mit anderen Begriffen belegen – in der Bundesrepublik Deutschland durchaus so etwas wie ein großer Konsens der Parteien des Deutschen Bundestages zur Weiterentwicklung der Sozialen zur Öko-Sozialen Marktwirtschaft möglich und denkbar.

Auch in den anderen westlichen Ländern wird eine intensive Debatte darüber geführt, wie man die Umweltpolitik durch den Einbau marktwirtschaftlicher Elemente stärker mit der Wirtschafts- und Gesellschaftspolitik verzahnen kann. Auch

---

[74] CDU-Dokumentation 29/1989 vom 37. Parteitag in Bremen „Unsere Verantwortung für die Schöpfung", S. 17.

dort sind klare Bestrebungen erkennbar, die Sozialen Marktwirtschaften in Richtung Öko-Sozialer Marktwirtschaften weiterzuentwicklen oder zumindest Elemente eines solchen verbesserten Wirtschaftssystems in das jeweils bestehende Wirtschaftssystem einzubauen.

C. Öko-Soziale Marktwirtschaft – wirtschafts- und gesellschaftspolitische Klammer beim Zusammenwachsen der beiden deutschen Staaten

Sollte sich die DDR nach den ersten freien Volkskammerwahlen entschließen, sich endgültig von der sozialistisch-planwirtschaftlichen Ordnung abzuwenden und eine Öko-Soziale Marktwirtschaft anzustreben und zu realisieren, dann wäre damit eine hervorragende Möglichkeit eines schnellen wirtschafts- und gesellschaftspolitischen Zusammenwachsens der beiden deutschen Staaten gegeben.

Auf die Schnelligkeit der Umstellung der Wirtschaftsordnung kommt es entscheidend an, um den Deutschen in der DDR eine Perspektive zum Bleiben zu eröffnen. Die dramatischen Übersiedlerzahlen drängen zur Eile. Nachdem jetzt mehr oder weniger eine Entscheidung für die staatliche Einheit der Deutschen, wenn auch bisher ohne formelle Abstimmung, gefallen ist, kommt es darauf an, unter sozial zumutbaren Bedingungen rasch – vor einem Kollaps der DDR-Wirtschaft – die Umstellung von der sozialistischen Planwirtschaft zur Öko-Sozialen Marktwirtschaft zu schaffen.

Die Voraussetzungen dafür sind in der DDR entgegen dem ersten oberflächlichen Eindruck nicht schlecht. Die Facharbeiterausbildung in der DDR kann sich sehen lassen. Und das auf die Verbesserung der privaten Lebensbedingungen ausgerichtete Talent der Deutschen in der DDR zur Improvisation kann für ein Engagement in der Öko-Sozialen Marktwirtschaft nutzbar gemacht werden. Die DDR kann zudem die in der Bundesrepublik Deutschland erkannten Fehler von vornherein vermeiden. Es ist deshalb durchaus möglich, daß die DDR relativ rasch ihr Wirtschaftswunder erlebt.

Alle Experten sind sich einig, daß das Zusammenwachsen der beiden Staaten in Deutschland ökonomisch beginnen muß. Die staatliche Verknüpfung folgt dann automatisch. Die Öko-Soziale Marktwirtschaft ist also eine gute Klammer im – noch – geteilten Deutschland, selbst wenn sie in der Praxis erst Schritt für Schritt eingeführt werden kann. Aber jeder Schritt führt die Menschen, die Unternehmen und die wirtschaftlichen Strukturen zusammen.

Die Deutschen sollten nie wieder einen Sonderweg in Europa versuchen. Die internationale Arbeitsteilung und die jedermann einsichtigen Erfordernisse eines grenzüberschreitenden Umweltschutzes verlangen ohnehin eine europäische Ausrichtung des Wirtschafts- und Gesellschaftssystems in Deutschland. Wenn die Nachbarn der Deutschen Sorgen vor einem staatlich vereinten Deutschland hatten oder noch haben, dann ist es die Aufgabe der Deutschen, über eine europäische Verknüpfung diesen Vorbehalten zu begegnen. Die deutsche Einigung könnte Motor für die Überwindung der Teilung Europas sein. In diesem Sinne kann auch die Öko-Soziale Marktwirtschaft Anregungen für die Ausgestaltung des Gemeinsamen Europäischen Hauses im Osten und Westen, im Norden und Süden dieses Kontinents geben.

Teil B
Öko-Soziale Marktwirtschaft

Wirtschafts- und gesellschaftspolitisches Leitbild der Christlich Demokratischen Union der DDR

Von Lothar de Maizière

I. Die DDR-Wirtschaft im Spannungsfeld zwischen der Kommandowirtschaft von oben und von unten

Die bisherige zentralistische Kommandowirtschaft in der DDR mit ihrer vorwiegend naturalistischen Direktivplanung hat zu Disproportionen und Defiziten, zu Verschwendung und Mangel sowie zu nahezu unlösbaren Kooperations-, Kalkulations- und Motivationsproblemen geführt. Auch die Autarkiedoktrin, alles selbst herstellen zu müssen, koste es was es wolle, gehört dazu.

Die Bürger sehen, wie der Lebensstandard geringer wird, wie Häuser, Dörfer, Städte, Straßen und Einrichtungen sowie die Infrastruktur (vor allem Verkehrswesen und Post) zerfallen. Sie erleben, wie die Qualität von Erzeugnissen, Luft, Wasser und Boden sinkt und Abprodukt- und Deponieprobleme nur schleppend gelöst werden. Sie ärgern sich über die quantitativ und qualitativ unzureichenden Sozialleistungen.

Die fehlenden oder falschen Aussagen in den Statistiken der letzten Jahre erschweren das reale Beurteilen der Wirtschaftslage erheblich.

Der Ausweg aus dieser Situation heißt: Unverzüglicher, radikaler Bruch mit der zentralistischen Kommandowirtschaft auf allen Ebenen und Übergang zur Öko-Sozialen Marktwirtschaft, schnell und ohne Halbheiten. Tempo und Konsequenz bei diesem radikalen Bruch einerseits und beim Aufbau einer funktionsfähigen Marktwirtschaft andererseits, haben entscheidenden Einfluß darauf, ob in den nächsten Monaten der ökonomische Verfall der DDR-Wirtschaft beschleunigt, vermindert oder gestoppt werden kann.

Konsequenz in diesem Prozeß der Wirtschaftsreform ist notwendig, weil der über vierzigjährige Bürokraten„filz" schneller wieder zusammenwächst, als man ihn abschneiden kann und „Kommandohöhen" nur selten freiwillig aufgegeben werden.

Diesen schmerzhaften, radikalen Bruch müssen aber auch viele Bürger in der DDR bei sich selbst und gegenüber der Umwelt vollziehen. Durch die vierzigjährige, ununterbrochene Einflußnahme der Kommandogewalt von oben ist das Denken und Verhalten vieler Bürger gesteuert und geprägt worden. Es hat sich bei ihnen ein eigener unbewußter Zensor bzw. ein Warten auf die Anordnungen von oben herausgebildet. Deshalb hat auf einigen Gebieten der plötzliche Wegfall der Kommandoanordnungen fast das gleiche Ergebnis gebracht, als wenn man bei einem Elektromagneten den Strom abschaltet. Gleichzeitig nehmen die ökonomischen und politischen Forderungen sehr vieler Bürger an Bestimmtheit von Stunde zu Stunde zu, da sie weder an ihren Arbeitsplätzen noch in ihrer häuslichen Umgebung oder bei der Versorgung eine spürbare Verbesserung bemerken. Dadurch spitzt sich die Situation in der DDR immer mehr zu und verstärkt den „Reformsog“ in anderen sozialistischen Ländern.

Die wirtschaftliche und gesellschaftliche Entwicklung in der DDR vollzieht sich deshalb gegenwärtig im Spannungsfeld zwischen der sich schwerfällig auflösenden Kommandowirtschaft von oben und der immer mehr an Macht und Einfluß gewinnenden Kommandogewalt von unten. Dieses Spannungsfeld gewinnt noch an Bedeutung durch den vorgesehenen Übergang zu geltenden Weltmarktpreisen beim gegenseitigen Warenaustausch zwischen den Ländern des RGW und zur Verrechnung in freikonvertierbarer Währung sowie durch die Vorbereitung des EG-Binnenmarktes.

II. Die vorhandenen Chancen ergreifen, statt verspielen

Noch besteht die Möglichkeit, den ökonomischen Verfall der DDR-Wirtschaft nicht nur zu stoppen sondern sogar eine Entwicklung in Richtung eines zukünftigen Wirtschaftswachstums vorzunehmen. Voraussetzung ist eine sofortige, umfassende und schonungslose Bestandsaufnahme der derzeitigen Situation in allen Bereichen und die Analyse der vorhandenen Chancen. Es geht nicht darum zu beweisen, wie es nicht geht und sich möglichst zurückzuhalten, sondern wie die vorhandenen Chancen genutzt werden können, um ohne Umwege direkt zur Öko-Sozialen Marktwirtschaft zu kommen. Welche Chancen sind es?

- Von grundlegender Bedeutung ist der vorhandene, enorme Wille der Bürger aus der derzeitigen Situation durch eigene Leistung herauszukommen und einen spürbaren, höheren materiellen und immateriellen Wohlstand zu erreichen. Die vielen Demonstrationen nach Arbeitsschluß und an den Wochenenden sind dafür ein beredtes Zeugnis. Hinzu kommt der sich im letzten Jahrzehnt vollzogene unwahrscheinliche Aufschwung beim Auf- und Ausbau von privaten Wochenendgrundstücken. Mit dieser sogenannten „Datschenbewegung“ wurde deutlich, daß bei Aktivierung des eigenen Nutzens Leistungsanstrengungen möglich werden, die in einigen Fällen bis zur Grenze der physischen Belastbarkeit gingen. Im Mittelpunkt stand dabei, daß jeder Einzelne versucht hat, alle anfallenden Arbeiten, angefangen von Beton- über Zimmermanns-, Malerarbeiten etc. selbst durchzuführen, obwohl zu diesen Arbeiten die dazu notwendigen Kenntnisse, Fähigkeiten und Fertigkeiten oft erst angeeignet werden mußten.

  Über drei Viertel aller Wohnungen werden von den Bürgern selbst renoviert. Über diese geleisteten Tätigkeiten wächst gleichzeitig eine neue Beziehung zum erreichten Arbeitsergebnis, einschließlich eines Gefühls des Stolzes.

  Die im Freizeitbereich der Bürger erreichte Motivation und Initiative zur Arbeitstätigkeit einschließlich der sich aus der Mangelwirtschaft ergebenden Notwendigkeit zur Improvisation ist eine der wesentlichen Möglichkeiten zum Ausbau der Wirtschaft.
- Das vorhandene enorme geistige Kapital der DDR-Bürger, ihren Fleiß und ihre Tüchtigkeit als gut ausgebildete Arbeitskräfte, ihr Talent zur Improvisation verbunden mit dem Wiedererwachen des unternehmerischen Denkens bietet alle Voraussetzungen eines attraktiven Investitionsstandortes für die Bundesrepublik Deutschland. Weitere Faktoren sind gleiche Sprache und Vergangenheit. Hinzu kommt, daß in fast allen Betrieben die Maschinen, Ausrüstungen, Technologien und Verfahren total veraltet und verschlissen sind und dringend ersetzt werden müssen.

  Die historische Chance besteht darin, bei den Investitionen das richtige Verhältnis zwischen dem Aufbau zukunftsträchtiger Produktionen und dem Import von heutiger

Technik bzw. sogar abgeschriebener Technik zu finden. Es besteht die Möglichkeit, den sich in der Bundesrepublik vollziehenden Prozeß zu intelligenten Produkten und Dienstleistungen mit zu vollziehen und zu gestalten.

- Eine der wesentlichsten Chancen besteht in dem unverzüglichen Aufbau der fehlenden mittelständischen Industrie (einschließlich Dienstleistungen) aller Eigentumsformen als Rückgrat der Wirtschaft. Ohne die vielen unabhängigen, selbstständigen Unternehmer, die durch ihren Wettbewerb miteinander eine optimale Versorgung der Bürger sichern, ihren Einfluß gegenseitig begrenzen und kontrollieren, kann die Soziale Marktwirtschaft nicht funktionieren. Diese mittelständischen Betriebe, die ihre Mittel selbst erwirtschaften und über den zweckmäßigen Einsatz der Mittel entsprechend ihrer eigenständigen Betriebsstrategie auch selbst entscheiden, können nicht nur flexibel, kundennah und innovativ sein, sondern gestatten auch den tüchtigen und fleißigen Mitarbeitern, sich voll zu entfalten.

Der Aufbau der mittelständischen Betriebe und Dienstleistungseinrichtungen ist der Dreh- und Angelpunkt für die Nutzung der Privatinitiative zur Revitalisierung und Ankurbelung der Wirtschaft in der DDR und für die Schaffung eines breiten Angebotes an Arbeitsplätzen.

Die schnellere Beseitigung der Mangelwirtschaft in der DDR ist nur durch Eigennutz im Sinne echter Selbsthilfe der Unternehmer, Arbeiter, Angestellten und Konsumenten möglich. Wenn wir alle noch vorhandenen Chancen in Richtung einer Öko-Sozialen Marktwirtschaft nutzen, dann kann sich die „Abstimmung mit den Füßen“ umkehren mit dem Ziel einer Rückwanderung und Einwanderung in die DDR.

III. Packen wir die Einführung und Umsetzung der Öko-Sozialen Marktwirtschaft in der DDR zielstrebig und konsequent an

Das Zusammenwachsen der beiden deutschen Staaten hat in der Zwischenzeit eine rasante Eigendynamik entwickelt, die nicht mehr die Frage des „ob“ zuläßt, sondern nur noch des wie schnell und mit welchen Konsequenzen. Die große Zahl der täglichen Übersiedler schwächt immer stärker beide Systeme. Die Wirtschafts- und Währungsunion zwischen beiden deutschen Staaten wird sehr kurzfristig erfolgen einschließlich der Einführung der D-Mark in der DDR. Der sich ständig beschleunigende Ablauf dieser Prozesse ist vergleichbar mit der zunehmenden Geschwindigkeit einer Lawine die ins Tal rast. So wie der Gemeinderat der von der Lawine betroffenen Orte nicht ewig über die zu treffenden Maßnahmen diskutieren kann, sondern zu schnellen und radikalen Entschlüssen kommen muß, mit derselben Konsequenz und ohne Zaudern und Zögern muß die Ökologisch-Soziale Marktwirtschaft in der DDR mit voller Konsequenz eingeführt werden.

Eine wichtige Voraussetzung dazu ist das Umdenken auf allen Ebenen von der rein administrativen zur marktorientierten Politik. Der Schritt von den Verwaltern zu den Machern/Gestaltern ist schon lange überfällig. Es geht um die Aktivierung des Eigeninteresses aller Bürger. Jeder muß erkennen: Je aktiver ich mithelfe, die Öko-Soziale Marktwirtschaft einzuführen und durchzusetzen, desto höher ist mein Gewinn als Unternehmer, mein Einkommen als Arbeitnehmer bzw. mein Nutzen als Konsument. Dazu muß der Staat die notwendigen Rahmenbedingungen schaffen, muß den Klein-, Mittel- und Großunternehmern die notwendige Unterstützung geben, statt sie zu behindern. Gleichzeitig müssen staatliche Rahmendaten, Gebote und Verbote als ökologischer und sozialer Rahmen die Marktwirtschaft begrenzen.

1. Die notwendigen Rahmenbedingungen/Reformen für die Öko-Soziale Marktwirtschaft in der DDR

Rahmenbedingungen des Staates sind immer politisch bestimmt. Sie bilden die Grundlage für die wirtschaftlichen Entscheidungen und Dispositionsfähigkeit der Unternehmen. Sie sollten marktwirtschaftskonforme Anreizsysteme forcieren.

Reform des Eigentums an den Produktionsmitteln

Notwendig ist die Teilung der großen Kombinate entsprechend ihrer Ertragsstärke in kleinere Groß- bzw. mittelständische Betriebe und ihre Reprivatisierung bei breiter Streuung des Eigentums. Das kann sowohl durch die Bildung von Aktiengesellschaften als auch GmbHs oder Rückkauf der bis 1972 selbständigen Betriebe erfolgen. Die Eigentumsanteile bei Kapitalgesellschaften sollten vorrangig der Belegschaft und erst dann der Bevölkerung bzw. Devisenausländern angeboten werden. Privates Eigentum ist ein Grundpfeiler der Öko-Sozialen Marktwirtschaft.

Die Wiedereinführung der vollen Gewerbefreiheit muß die Gründung von privaten kleinen und mittleren Unternehmen ermöglichen mit dem Ziel, daß die mittelständische Industrie wieder zum Rückgrat der Wirtschaft in der DDR wird. Dazu gehören auch die Genossenschaften. Eine zukunftsorientierte Öko-Soziale Marktwirtschaft benötigt auch einen größeren Anteil an Jungunternehmern und Existenzgründern, die mit neuen Ideen, Produkten und Dienstleistungen auf den Markt drängen.

Reform der Steuern und Subventionen

Zu den längerfristigen Rahmenbedingungen des Staates gehört das Steuerrechts- und Abgabensystem. Seine Ausgestaltung entscheidet über den Umfang der Gründung neuer Unternehmen, über die Eigenkapitalbildung, ob die Initiative eines Privatunternehmers durch einen ausreichenden Gewinn belohnt wird oder nicht. Die Höhe der Steuern und Abgaben beeinflussen direkt die Bereitschaft eines Unternehmers, das Risiko langfristiger, zukunftsweisender Investitionen zu übernehmen und damit letztendlich den Grad der Vollbeschäftigung.

Von besonderer Bedeutung für die Durchsetzung der Öko-Sozialen Marktwirtschaft ist das Verhältnis von Subventionen, staatlichen Rahmenbedingungen und Steuern. Eine Gesundung der DDR-Wirtschaft ist nur möglich, wenn die staatlichen Rahmenbedingungen so verändert werden, daß die Subventionen sozialverträglich abgebaut und in gleichem Zuge die Steuern drastisch gesenkt werden. Das Ziel muß darin bestehen, durch ein geringes Steuerniveau Anreize zu ständig wachsenden Leistungen der Beschäftigten und Unternehmer bzw. zur Erhöhung des Umweltschutzes zu schaffen. Eine richtige Reformierung der Einkommensteuer in Verbindung mit der Gewerbefreiheit schafft gleichzeitig neue Arbeitsplätze.

Reform der Preise und Sicherung des Wettbewerbs

Gegenwärtig sind die Preisrelationen in der DDR völlig verzerrt und gestatten kaum eine Aussage über die wirklichen Kostensätze und Gemeinkosten.

Die Öko-Soziale Marktwirtschaft erfordert für das unternehmerische Handeln die freie Preisbildung am Markt (die Wiederspiegelung der Knappheit der Güter durch den Preis).

Eine freie Preisbildung in der DDR, die Angebot und Nachfrage ausgleicht, ist nur stufenweise möglich, um nicht erhebliche soziale Spannungen durch die neuen Belastungen zu erreichen.

Der Erfolg der Preisreform hängt eng mit dem freien Wettbewerb zusammen. Die Sicherung und Förderung des freien Wettbewerbs ist eine der wesentlichsten Aufgaben des Staates, einschließlich der Vorgabe klarer Wettbewerbsregeln.

Jeder Unternehmer muß frei sein bei der Wahl der inneren und äußeren Handelspartner, bei der Gestaltung seines Produktions- und Dienstleistungsprogramms, bei den Investitionen sowie bei der Wahl nationaler und internationaler Kooperationspartner, um sich auf seine Stärken konzentrieren zu können. Die internationale Arbeitsteilung und die volle gegenseitige Niederlassungs- und Dienstleistungsfreiheit fördern den Wettbewerb zu neuen Ideen, Organisationsformen, Produkten und zum Preis. Voraussetzung ist die Vertragsfreiheit der Partner. Damit zwingt der Wettbewerb jeden Unternehmer, stets neue bessere Leistungen zu erbringen und sich dem von den Wünschen der Verbraucher geprägten Bedarf anzupassen.

Anerkennung der Leistung

Stets neue Leistung zu erbringen gehört zu einem sinnerfüllten Leben, ermöglicht die Steigerung des Lebensstandards/Vermögens und ist eine Voraussetzung für die Einnahmen des Staates und für die Ausgabe von Sozialleistungen. Dazu muß der Staat den notwendigen Handlungsspielraum schaffen. Ökonomische, soziale und kulturelle Leistungen, die im Wettbewerb erbracht werden, sollten entsprechend ihrer Nachfrage materiell belohnt und gesellschaftlich anerkannt werden. Die Leistung des Einzelnen muß ausschlaggebend für seinen Platz in der Gesellschaft sein. Dazu gehört auch der

Schutz und die Hilfe für den nichtleistungsfähigen oder in Not geratenen Menschen, nicht aber für den Leistungsunwilligen.

Anerkennung der Leistung bedeutet aber auch einen sofortigen Stopp der überproportionalen Anhebung der unteren Lohn- oder Gehaltsgruppen für einfache Arbeiten.

Wirtschaftspolitische Grundziele

Alle notwendigen Rahmenbedingungen/Reformen für die Öko-Soziale Marktwirtschaft müssen als dringendes Ziel ein qualitatives Wirtschaftswachstum haben und sich nachweisbar messen lassen an ihrem Beitrag

- zur Stabilisierung der Umwelt (Umweltschutz),
- zum Grad der Vollbeschäftigung,
- zum Schutz der sozial Schwachen,
- zum Saldo zwischen Export und Import,
- zum Grad der Preisentwicklung und
- zur Entwicklung der DDR als Einwanderer- oder Rückwandererland.

2. Die neuen Aufgaben der Betriebe und Unternehmen in der DDR

Die vorrangigste Aufgabe der Unternehmen besteht im Praktizieren eines marktwirtschaftlichen Denkens auf allen Leitungsebenen. Ziel des Unternehmers ist es nicht, Erzeugnisse bzw. Dienstleistungen um jeden Preis und mit möglichst vielen Mitarbeitern herzustellen, sondern auf dem Markt nachgefragte Leistungen so kostengünstig wie irgend möglich bereitzustellen. Im Mittelpunkt muß der Nutzen für den Verbraucher und nicht die Produktion stehen. Jeder Mitarbeiter eines Unternehmens sollte begreifen, daß er mit der Produktion einer Leistung nicht dem Anwender einen Gefallen tut, indem er ihm die Leistung bereitstellt, sondern daß der Anwender dem Mitarbeiter einen Gefallen tut, indem er die Leistung abnimmt! Das heißt, der Mitarbeiter muß begreifen, daß nicht mehr der Kunde von ihm abhängt, sondern er vom Kunden.

Die Anpassung der Betriebe, Unternehmen und Institutionen in der DDR an die Erfordernisse der Öko-Sozialen Marktwirtschaft erfordert von allen eine radikale Reorganisation, um sich von der jahrzehntelangen Verkrustung und dem Ballast zu befreien.

Jedes Unternehmen sollte sich über seine wirtschaftspolitische Strategie und über seinen Beitrag zum gesamtgesellschaftlichen Gleichgewicht heute und in Zukunft im Klaren sein und erst daraus seine innerbetriebliche Struktur ableiten (die Strategie bestimmt die Struktur). Das Ziel der Reorganisation sollte die Schaffung vieler Miniunternehmen im Unternehmen sein, die eigenständig nach der Gewinn- und Verlustrechnung arbeiten. Denn nur in solchen Miniunternehmen gibt es nur eine oder zwei Leitungsebenen, werden schnelle Entscheidungen mit fach- und sachbezogener Kompetenz getroffen, kann flexibel auf die Markterfordernisse reagiert werden, identifiziert sich der Mitarbeiter mit dem Produkt seiner Leistung und erfährt umgehend, ob er zum Gewinn oder Verlust beigetragen hat. (Alles muß sich rechnen lassen.) Da er gleichzeitig an der Zielbildung, Zielumsetzung und Zielrealisierung beteiligt ist, kann er sich als denkender, planender und verantwortungsvoller Mensch selbst verwirklichen. Das Ergebnis ist eine höhere Arbeitsmotivation und Leistung sowie das selbständige Erkennen von Ausbildungslücken und der Wunsch nach deren Beseitigung.

Die transparente, dezentrale Struktur des Unternehmens in Form der Miniunternehmen gestattet eine größtmögliche Nähe zum Anwender, die schnelle Entgegennahme seiner Wünsche und Probleme und das Suchen nach Lösungsvarianten. Auch hier gilt wieder der Grundsatz: Maximum an Autonomie und Freiheit bei Übernahme eines Maximums an Verantwortung. Es ist die Einheit von Zielvorgabe, Selbstkontrolle und Selbstmotivation.

Zusammenfassend läßt sich feststellen: Das Tempo für den notwendigen Übergang von der zentralistischen Kommandoplanwirtschaft zur Öko-Sozialen Marktwirtschaft wird nicht von oben, sondern immer noch von unten bestimmt. Noch gilt das Motto: Chancen ergreifen und Anpacken, nicht aussteigen.

Tun wir alles, damit durch die Einführung und Umsetzung der Öko-Sozialen Marktwirtschaft in der DDR so schnell wie möglich ein Wohlstand für alle Deutschen erreicht wird.

Wirtschaftswissen von Vahlen

Nachschlagewerk

Schäfer, Wirtschaftswörterbuch

Von Prof. Dr. Wilhelm Schäfer

Band I: Englisch-Deutsch

3., erweiterte und überarbeitete Auflage. 1990. X, 790 Seiten.
Gebunden DM 112,– ISBN 3-8006-1422-7

Band II: Deutsch-Englisch

2., überarbeitete und erweiterte Auflage. 1987. XXXVI, 811 Seiten.
Gebunden DM 112,– ISBN 3-8006-1252-6

Dieses Fachwörterbuch ist das Ergebnis jahrelanger EDV-gestützter Auswertung der Literatur aus allen wichtigen Gebieten der Wirtschaftspraxis und der Wirtschaftswissenschaft. Mit über 40 000 Stichwörtern pro Band enthält es den puren Wirtschaftswortschatz – ohne »Füllmaterial« aus der Umgangssprache, wobei freilich die allgemeine Sprache der Wirtschaft und die Terminologie des wirtschaftlich relevanten Rechts angemessen berücksichtigt sind.

Beherrschender Gesichtspunkt ist der rasche und direkte Zugriff. Alle Wörter und Ausdrücke sind daher nach ihren Anfangsbuchstaben geordnet. Komplizierte Verweisungssysteme oder Benutzerhinweise erübrigen sich.

Die hohe Fachkompetenz des Autors sowie die Benutzerfreundlichkeit machen das Wirtschaftswörterbuch zu einem zuverlässigen Arbeitsmittel für jeden, der in der Ausbildung und in der täglichen Arbeit mit der englischen Wirtschaftssprache befaßt ist.

Verlag Vahlen München